© 2022 Michel Benhayim
Impression : BoD – Books on Demand, In de Tarpen 42, Norderstedt (Allemagne)
Impression à la demande
ISBN : 978-2-9581-0286-9
Dépôt légal : Octobre 2022

Le Livre du Zohar

avec Matok MiDvach
« Plus doux que le miel »

La Joie

DU MÊME AUTEUR

Le Livre des Lamentations

*Version bilingue : hébreu – français,
avec le commentaire de Rachi,
des extraits du Midrach
et des illustrations explicatives.*

Le Cantique des Cantiques

*Version bilingue : hébreu – français,
avec le commentaire de Rachi,
des extraits du Midrach
et des illustrations explicatives.*

Le Don de la Tora

*du kabbaliste Rav Yehouda HaLevy Ashlag.
Traduit de l'hébreu
avec notes et commentaires.
Présentation de l'Essence du Judaïsme.*

**En vente dans les librairies spécialisées,
ainsi qu'à la Fnac, chez Decitre, Amazon, Virgin…**

DU MÊME AUTEUR

Le Livre du Zohar : Introduction

du kabbaliste Rav Yehouda HaLevy Ashlag.
Version bilingue : hébreu – français,
avec le commentaire « Étincelles de Vie ».
Excellente introduction à la Kabbala.

Le Talmud des dix Sefirot : Introduction

du kabbaliste Rav Yehouda HaLevy Ashlag.
Version bilingue : hébreu – français,
avec le commentaire « Étincelles de Vie ».
Sur l'enchaînement des Mondes et des Sefirot.

La Grandeur de la Tora

du kabbaliste Rav Daniel Frisch.
Traduit de l'hébreu,
avec le texte original du Zohar.

Pour participer à un cercle d'étude par visioconférence
sur le Livre du Zohar avec le commentaire Matok MiDvach,
vous pouvez prendre contact avec :
michel.benhayim@gmail.com

© Tous droits de traduction, de reproduction ou d'adaptation
réservés pour tous pays

Rav Daniel Frisch

(Hongrie 1935 – Jérusalem 2005)

Éminent kabbaliste,

traducteur du livre du Zohar

et auteur du célèbre commentaire

Matok MiDvach : « Plus doux que le miel »

*Loué soit le Maître de l'univers
pour Son Infinie Bonté*

*Avec mes remerciements à Naomie,
pour son aide précieuse*

Table des matières

Présentation des approfondissements — 11

Notes de traduction — 17

Introduction — 21

Les différents commentaires du Zohar et de "Matok MiDvach" "Plus doux que le miel" — 27

Approfondissements — 103

Lexique — 167

Présentation des approfondissements

Tora et Kabbala

Sans la Tora, il n'y aurait pas de Kabbala, car celle-ci puise sa source d'inspiration et sa raison d'être dans l'ensemble des vingt-quatre Livres sacrés. Et sans la Kabbala, la Tora ne serait lue qu'à un niveau…

Suite page 104

La Sagesse de la Kabbala

Au centre de la pensée juive des Secrets de la Tora se trouve l'ardent désir de s'élever sur le plan spirituel et de se rapprocher de la Volonté du Créateur. Les multiples attraits du monde matériel sont considérés comme…

Suite page 107

Les débuts de la Kabbala

Depuis que l'homme a commencé à s'interroger sur la raison pour laquelle la vie lui a été donnée, la Kabbala est apparue sous une forme embryonnaire. Le Peuple juif, à qui la mission a été confiée d'éclairer…

Suite page 108

La Kabbala au temps de la Michna

L'étude des Secrets de la Kabbala a continué à susciter la curiosité et l'engouement de nombreux Sages à l'époque de la Michna. L'un d'entre eux, Rabbi Nehounia Ben HaKana, avait la réputation de…

Suite page 109

La Kabbala au moyen-âge

Vers la fin du 9ème siècle, Rabbi Aharon Ben Chmouel, dit « le Prince », l'un des Sages de Babylone, émigra en Italie où les enseignements de l'intériorité de la Tora commencèrent à se répandre parmi les érudits…

Suite page 110

Présentation des approfondissements

L'apparition du Livre du Zohar

C'est à partir de l'an 1280 qu'apparurent pour la première fois au grand jour des copies de manuscrits du Livre du Zohar ; ces copies parvinrent rapidement dans différents centres d'étude de la Kabbala en…

Suite page 112

Les kabbalistes de Tsfat

Au cours du 16ème siècle, la Kabbala connut un véritable essor, tant sur le plan de l'approfondissement des connaissances que sur celui de l'élargissement de son accessibilité à de nouvelles parties de la population…

Suite page 115

Les idées novatrices du Arizal

L'enseignement du « Lion de Safed », recueilli par l'un de ses fidèles disciples, Rabbi Hayim Vital, fut mis par écrit dans deux livres principaux qui sont : « L'Arbre de Vie » et « Le Fruit de l'Arbre de Vie »…

Suite page 118

Rabbi Yehouda Lœw Ben Betsalel

Ce grand penseur est plus connu sous le surnom que lui donnèrent, en signe d'estime et d'affection, les Juifs de Prague, à savoir : « Maharal ». Né en 1512 (?) en Pologne et décédé en 1609 à Prague…

Suite page 124

Rabbi Moshé Hayim Luzzatto

Plus connu sous l'acronyme de son nom, רמח״ל Ramhal fut un véritable génie dans le domaine de la Kabbala lourianique. Il sut à merveille exposer ses grands principes ainsi que ses ramifications complexes…

Suite page 125

Présentation des approfondissements

Une chaîne ininterrompue…

Un livre entier et volumineux serait nécessaire pour décrire comment chaque kabbaliste au cours des siècles a enrichi par ses apports le vaste domaine de l'intériorité de la Tora. C'est la raison pour laquelle seul un…

Suite page 128

Rav Daniel Frisch

Le commentaire מָתוֹק מִדְּבַשׁ Matok MiDvach « Plus doux que le miel » sur le Livre du Zohar n'aurait pas vu le jour sans la détermination inlassable de Rav Daniel Frisch (1935 – 2005). Et pourtant, son enfance…

Suite page 131

Le commentaire Matok MiDvach

Depuis la publication du Livre du Zohar, un certain nombre de commentaires approfondis, écrits par des kabbalistes de renom, sont apparus à différentes époques. Quelle était donc l'intention de Rav Daniel…

Suite page 134

Des sources fiables

Matok MiDvach représente la synthèse de treize célèbres commentaires classiques du Livre du Zohar, auxquels s'ajoutent un certain nombre d'ouvrages édités récemment. Les noms des treize commentaires sont…

Suite page 137

Pourquoi étudier le Zohar ?

De nombreux Sages en Orient et en Occident ont beaucoup insisté sur l'importance d'étudier le Livre du Zohar : « Et parce qu'à l'avenir Israël goûtera à l'Arbre de Vie, qui est le Livre du Zohar, grâce à lui ils sortiront…

Suite page 139

Présentation des approfondissements

Donner vie à l'étude de la Tora

Dans le Livre du Zohar apparaît fréquemment l'expression לְאִשְׁתַּדְּלָא בְּאוֹרַיְיתָא, dont la traduction littérale est « s'efforcer dans la Tora » : comment faut-il interpréter cette expression sibylline ? Nombreux…

Suite page 143

Notions de base

La Kabbala est appelée חָכְמַת הָאֱמֶת « Sagesse de la Vérité », car elle évoque Celui Qui est Lui-même appelé אֱמֶת « Vérité ». Pour s'élever progressivement au sein de cette Sagesse, il faut connaître au préalable…

Suite page 145

Des Univers parallèles

Quel est le rapport entre le comportement étrange des particules quantiques et les Mondes spirituels qui sont dépourvus de toute relation avec la matière ? D'où vient l'homme… et où va-t-il ? Le texte suivant…

Suite page 154

La Tora et la Joie

La Joie est-elle admise par la Tora ? Peut-être est-elle même recommandée ? Et si tel est le cas, de quelle Joie parle-t-on ? En quoi celle-ci diffère-t-elle des festivités qui se déroulent parfois dans certains ?…

Suite page 160

La prière avant l'étude du Zohar

Cette prière doit être dite avec Kavana, c'est-à-dire avec l'intention d'accepter ses paroles. Elle apparaît pour la première fois au début du livre פְּרִי עֵץ חַיִּים « Le Fruit de l'Arbre de Vie », écrit par Rabbi Hayim…

Suite page 164

Présentation d'une page
du commentaire *Matok MiDvach*

ספר   מאמרי שמחה של מצוה   הַזֹּהַר   ג

הכניסה בקודש. רק בשמחה

סֹלוּ לָרֹכֵב בָּעֲרָבוֹת, לְהַהוּא דְּרָכֵב בָּעֲרָבוֹת, וּמַאן אִיהוּ הַהוּא רָקִיעַ טָמִיר וְגָנִיז דְּקַיְּימָא עַל גַּבֵּי חֵיוָתָא, דְּאִיהוּ רֹכֵב בָּעֲרָבוֹת.

וְעִלְזוּ לְפָנָיו, מִלְּפָנָיו לָא כְּתִיב, אֶלָּא לְפָנָיו, דְּהָא לֵית מַאן דְּיִנְדַּע בֵּיהּ כְּלוּם, אֲבָל לְפָנָיו, מַאן דְּעָיֵיל לְקַמֵּיהּ דְּהַאי רָקִיעַ אִצְטְרִיךְ לְמֵיעַל בְּחֶדְוָה וְלָא בַּעֲצִיבוּ כְּלָל, בְּגִין דְּהַאי רְקִיעָא גָּרִים, דְּתַמָּן לָא שַׁרְיָא עֲצִיבוּ וְרוּגְזָא כְּלָל, דְּהָא תַּמָּן כֹּלָּא אִיהוּ בְּחֶדְוָה.

━━━ מתוק מדבש ━━━

הכניסה בקודש, רק בשמחה, בו יבואר שענין השער והפתח לעבודת שמים היא מדת השמחה.

(מקור המאמר בזוהר פר' תרומה דף קסה ע"א, ובביאורינו כרך ז עמ' תסו-תסח)

סֹלוּ לָרֹכֵב בָּעֲרָבוֹת פירושו שתשבחו **לְהַהוּא דְּרָכֵב בָּעֲרָבוֹת**, ושואל **וּמַאן אִיהוּ** ומי הוא, ואמר **הַהוּא רָקִיעַ טָמִיר וְגָנִיז דְּקַיְּימָא עַל גַּבֵּי חֵיוָתָא** אותו הרקיע הסתום וגנוז העומד על גבי החיות הק', והיינו [ספירת] הבינה **דְּאִיהוּ רֹכֵב בָּעֲרָבוֹת** שהוא רוכב בערבות שהוא בחינת התפארת.

ומש"כ **וְעִלְזוּ לְפָנָיו** ומדייק כי **מִלְּפָנָיו לָא כְּתִיב** שאז היה משמע מלפני ולמעלה מהבינה שהיא החכמה, **אֶלָּא לְפָנָיו** שהוא סוד הבינה, **דְּהָא לֵית מַאן דְּיִנְדַּע בֵּיהּ כְּלוּם** כי אין מי שידע בחכמה שום ידיעה והשגה, **אֲבָל לְפָנָיו** שהיא הבינה **מַאן דְּעָיֵיל לְקַמֵּיהּ דְּהַאי רָקִיעַ אִצְטְרִיךְ לְמֵיעַל בְּחֶדְוָה וְלָא בַּעֲצִיבוּ כְּלָל** מי שנכנס לפני זה הרקיע צריך ליכנס בשמחה ולא בעצבות כלל כי הבינה היא בעלת השמחה, **בְּגִין דְּהַאי רְקִיעָא גָּרִים** לפי שזה הרקיע גורם שהעבודה אליו תהיה בשמחה, **דְּתַמָּן לָא שַׁרְיָא עֲצִיבוּ וְרוּגְזָא כְּלָל** כי שם אינו שורה עצבות וכעס כלל, **דְּהָא תַּמָּן כֹּלָּא אִיהוּ בְּחֶדְוָה** כי שם הכל הוא בשמחה, לכן כתוב ועלזו לפניו.

Notes de traduction

Chaque page de la traduction se présente de la manière suivante :

64   *Le Livre du Zohar*

Celui qui suit les Voies de 'ה est rempli de Joie

Ce Midrach répond à la question : quel est celui qui acquiert le mérite d'accéder à la sérénité de l'Âme et à vivre d'un cœur joyeux ?   ⎫ **Résumé**

Le Zohar

רַבִּי חִיָּיא קָם לֵילְיָא חַד לְמִלְעֵי בְּאוֹרַיְיתָא, וַהֲוָה עִמֵּיהּ רַבִּי יוֹסֵי זוּטָא דַּהֲוָה רַבְיָא, פָּתַח רַבִּי חִיָּיא וְאָמַר, לֵךְ אֱכֹל בְּשִׂמְחָה לַחְמֶךָ וּשְׁתֵה בְלֶב טוֹב יֵינֶךָ כִּי כְבָר רָצָה הָאֱלֹהִ"ים אֶת מַעֲשֶׂיךָ (קהלת ט ז), מַאי קָא חָמָא שְׁלֹמֹה דְּאָמַר הַאי קְרָא.

אֶלָּא שְׁלֹמֹה כָּל מִלּוֹי בְּחָכְמָה הֲווֹ, וְהַאי דְּאָמַר לֵךְ אֱכֹל בְּשִׂמְחָה   ⎫ **Zohar**

Plus doux que le miel

Rabbi Ḥiya se leva une nuit pour étudier la *Tora*, et avec lui il y avait le petit *Rabbi Yossé*, qui était encore un enfant [il se considérait comme un enfant par rapport aux autres Compagnons]. *Rabbi Ḥiya* commença à expliquer ce qui est écrit : « Va ! Mange ton pain dans l'allégresse, et bois ton vin d'un cœur joyeux, car tes actions ont depuis longtemps été agréées par אלהי"ם » (*Kohelet* 9, 7). Et il demanda : « Qu'est-ce que [le roi] *Chlomo* [auquel le livre de *Kohelet* est attribué] a vu quand il a dit ce verset, [qui conseille de] manger son pain dans l'allégresse et de boire son vin d'un cœur joyeux ? ». Et *Rabbi Ḥiya* répondit : « Si tu examines bien les paroles de *Chlomo*, tu verras que **toutes ses paroles** étaient dites **avec Sagesse**. Et à propos de ce qu'il a dit : « Va ! Mange ton pain dans l'allégresse… »,   ⎫ **Matok MiDvach**

Le commentaire *Matok MiDvach* se présente sous forme de trois polices différentes. À titre d'exemple, les trois premières lignes du texte qui figure à la page précédente, sont présentées ci-dessous :

> *Rabbi Ḥiya* se leva une nuit pour étudier la *Tora*, et avec lui il y avait le petit *Rabbi Yossé*, qui était encore un enfant [il se considérait comme un enfant par rapport aux

- ❖ *Rabbi Ḥiya* se leva une nuit pour étudier la *Tora*, et avec lui il y avait le petit *Rabbi Yossé*. Les mots « *Rabbi Ḥiya* », « *Tora* » et « *Rabbi Yossé* » sont écrits en italique, pour montrer qu'ils ont été transcrits ;

- ❖ qui était encore un enfant … ainsi se présente le commentaire « *Matok MiDvach* » du *Rav Daniel Frisch* ;

- ❖ [il se considérait comme un enfant par rapport aux…] : ces mots entre crochets sont des précisions apportées par le traducteur afin de clarifier la traduction littérale du *Zohar* ou d'ajouter un élément d'information complémentaire.

- ❖ Par ailleurs, la source des versets qui sont cités est indiquée sous la forme suivante : (*Tehillim* 1, 1).

Les mots hébreux qui n'ont pas d'équivalent exact dans la langue de Molière sont transcrits en caractères latins, et ils apparaissent en italique, comme : *Midrach*, *Kedoucha*, *Tora*…

La signification de chaque mot est donnée lors de sa première occurrence, et elle est rappelée dans le lexique situé à la fin du livre.

Les mots qui, en français, sont susceptibles d'avoir un sens profane, mais qui sont ici interprétés dans le cadre du Domaine spirituel, commencent par une lettre majuscule, comme : Bonté, Sage…

Le NOM du Créateur est sacré, et il se situe au-delà de nos facultés de compréhension. Même la façon dont il se prononce ne nous est pas connue. Pour marquer le respect dû à ce NOM, il est écrit de façon légèrement modifiée, par l'ajout du signe ″ avant sa dernière lettre et par l'absence de voyelles. Quand il est cité à l'intérieur d'un verset, il se présente donc ainsi : יהו״ה. Mais s'il apparaît dans un commentaire, il revêt l'une des deux formes suivantes : הוי״ה ou, de façon abrégée, ה׳.

Quelle que soit la façon dont il s'écrit, le NOM sacré est prononcé : « HACHEM », ce qui signifie… « le NOM ».

Si l'on ne veut pas prononcer ce NOM sacré, on peut utiliser d'autres כִּנּוּיִים « dénominations », sous réserve d'appliquer les mêmes règles, en ajoutant le signe ″ et en omettant les voyelles. Ainsi, le mot qui désigne l'Attribut de Rigueur du Créateur se présente comme suit : אלהי״ם. Il est prononcé : « ELOKIM ». De même, la dénomination הקב״ה « LE SAINT, loué soit-Il » est lue : « HAKADOCH, Baroukh Hou ».

La lettre ח׳ écrite Ḥ (majuscule) ou ḥ (minuscule) se prononce comme le 'ch' allemand (exemple : Na**ch**t). Tel est le cas pour les mots : Ḥadach ou Pessaḥ. La lettre ר׳ est écrite 'r', comme : Aharon, tandis que la lettre כ׳ est lue 'kh', comme le 'j' espagnol. Exemple : Chekhina.

Notons que le nom des cinq Livres de la *Tora* est transcrit ainsi :

BeRechit	Genèse	בְּרֵאשִׁית
Chemot	Exode	שְׁמוֹת
VaYikra	Lévitique	וַיִּקְרָא
BeMidbar	Nombres	בְּמִדְבַּר
Devarim	Deutéronome	דְּבָרִים

Introduction

de l'institut *Matok MiDvach*

« Servez יהו״ה avec 'Joie' »

(Tehillim 100, 2)

« Dans les paroles de nos Sages, nous trouvons de nombreux commentaires au sujet de l'extrême importance de la שִׂמְחָה *Simḥa* 'Joie' lorsque l'on accomplit les *Mitsvot*. Et avec l'Aide de ה׳, nous avons l'intention de nous exprimer davantage sur cette précieuse et sainte vertu, qui est très élevée.

Cependant, il convient dès à présent de mentionner les merveilleuses paroles[1] qui seront rappelées par la suite, pour que soient nombreux les membres du Peuple juif qui se comportent de façon très attentive et extrêmement scrupuleuse à l'égard de la sainteté de ce sujet.

---

1. Les merveilleuses paroles : de *Rabbi Ḥayim Vital*, principal disciple du *Arizal*, dont il exposa les principaux enseignements dans plusieurs livres et en particulier dans « l'Arbre de la Vie ».

Ainsi s'exprime *Rabbi Ḥayim Vital*, que son mérite nous protège, dans son introduction au livre שַׁעַר הַמִּצְוֹת « *La Porte des Mitsvot* » :

« La Racine[1] sur laquelle tout[2] repose est que l'homme ne doit pas, au moment d'accomplir une *Mitsva*, la considérer comme un fardeau dont il faut se débarrasser au plus vite.

Mais il doit penser et agir comme si, en accomplissant cette *Mitsva*, il allait gagner des milliers et des milliers de pièces d'or[3]. Et en réalisant cette *Mitsva*, il se réjouira avec une *Simḥa* sans égale et un infini plaisir, comme si on lui donnait effectivement des milliers de pièces d'or, parce qu'il l'aura accomplie. Tel est le Secret[4] du verset : « Parce que tu n'auras pas servi יהו״ה, ton אלהי״ם, avec *Simḥa* 'Joie' et l'allégresse de ton cœur... » (*Devarim* 28, 47). C'est aussi le Secret de *Rav Brouna* qui, un jour, fit suivre directement la גְּאֻלָּה *Gueoulla* « Délivrance[5] » à la תְּפִלָּה *Tefilla* « Prière[6] »

---

1. « La Racine » : ce qui est à l'origine de la vitalité d'un arbre : son tronc, ses branches, ses feuilles, ses bourgeons ses fleurs et ses fruits. De même, dans le Domaine spirituel, la Racine est également l'origine de ce qui apparaît par la suite.
2. Tout : ce que nous faisons pour servir le Créateur.
3. Comme s'il allait gagner des milliers et des milliers de pièces d'or : comme si sa récompense, sur le plan spirituel, allait être immense. Cette métaphore s'adresse à « ceux qui servent leur Maître à condition de recevoir une récompense » (Traité *Avot* 1, 3).
4. Le Secret : le sens profond et dissimulé, celui qu'il faut rechercher.
5. La גְּאֻלָּה *Gueoulla* « Délivrance » : la bénédiction qui suit le *Chema'* et qui se termine par : « Loué sois Tu.... Qui גָּאַל 'as délivré' Israël ».
6. La תְּפִלָּה *Tefilla* « Prière », appelée également *'Amida*. Ce jour-là, *Rav Brouna* fut capable de réciter la prière de la *'Amida* dès le lever du soleil, le plus tôt possible selon ce que prescrit la *Halakha*.

Et « ce jour-là, sa bouche ne cessa pas de rire[1] ». Cela nous apprend combien sa *Emouna* à l'égard du Créateur, loué soit-Il, était très profonde, bien plus que si la récompense [de cette *Mitsva*] avait été effectivement présente devant lui.

Et selon l'importance de sa Joie authentique et la profonde allégresse de son cœur, l'homme aura le mérite de recevoir אוֹר הָעֶלְיוֹן « la Lumière Suprême[2] ». S'il se comporte toujours ainsi, nul doute que רוּחַ הַקֹּדֶשׁ *Rouaḥ HaKodech* « l'Inspiration Divine[3] » reposera sur lui.

Cela s'applique à l'accomplissement de toutes les *Mitsvot* sans aucune exception, y compris au moment de l'étude de la *Tora* : on doit alors ressentir un immense désir, avec une grande motivation et une vive exaltation, comme si l'on se tenait devant le Roi pour Le servir avec l'intense désir de trouver grâce à Ses Yeux, afin de recevoir de Sa Part un Degré encore plus élevé [de *Kedoucha*] ». Et étudie bien là-bas [dans son livre « *La Porte des Mitsvot*] la suite de ses paroles.

Par ailleurs, bien connues sont les paroles de *Rabbi Ḥayim Vital*, que son mérite nous protège, dans son livre précité : « Il est interdit de prier si l'on est triste[4].

---

1. « Ce jour-là, sa bouche ne cessa pas de rire » (*Berakhot* 9b) : tellement il était joyeux d'avoir pu accomplir la *Mitsva* de réciter la *'Amida* dès le lever du soleil.
2. אוֹר הָעֶלְיוֹן « la Lumière Suprême » : métaphore qui désigne הִתְגַּלּוּת *Hitgallout* « la Révélation », dans la *Nechama* de l'être humain, de la Volonté du Créateur de prodiguer le Bien à Ses créatures.
3. רוּחַ הַקֹּדֶשׁ « l'inspiration Divine : l'Esprit de Sainteté, l'Esprit prophétique.
4. Il est interdit de prier si l'on est triste : si l'on ressent de la tristesse, cela signifie que l'on éprouve un manque. De façon plus ou moins consciente, on a tendance à critiquer la façon dont le Créateur gouverne le monde. Comment, dans ces conditions, Lui adresser une prière fervente, motivée par la crainte et l'amour ?

Et si un homme prie quand même, son Âme ne peut recevoir la Lumière Suprême qui lui parvient [en temps normal] au moment de la prière... Mais il devra éprouver une très grande *Simḥa*, autant que possible, à l'image d'un serviteur qui sert son Maître avec un immense plaisir. Et si [au contraire] il Le sert en étant triste, sa façon de servir ne suscite que dégoût à son Maître ».

L'élévation spirituelle, la perfection et l'Inspiration Divine reposent essentiellement sur cette Joie, que ce soit au moment de la prière ou lors de l'accomplissement de toute autre *Mitsva*, comme il est écrit [à propos de *Rabba* qui vit son disciple] *Abbayé* très joyeux... [ce dernier] lui répondit : « Je mets les *Tefillines*...[1] » ; et ne mésestime pas cet aspect [*Simḥa* 'la Joie'] car sa récompense est très grande ».

Et *Michna Broura*[2] a déjà précisé : « [Ses disciples] ont témoigné que le *Arizal* a dit que le niveau élevé auquel il était parvenu découlait du fait qu'il se réjouissait [tout le temps] avec beaucoup de *Simḥa* [quand il accomplissait] les *Mitsvot*. La source [de cet enseignement] se trouve dans le *Livre des Ḥaredim* [des craignant D.] de notre Maître, *Rabbi El'azar Ben Moshé Ezkari*[3], que son mérite nous protège, dans son introduction aux *Mitsvot*, paragraphe 4.

---

1. *Berakhot 30b* : « Je me réjouis parce que j'accomplis la *Mitsva* des *Tefillines* ». Même si nous devons nous abstenir de toute joie excessive en raison de la destruction du *Beit HaMikdach*, l'accomplissement d'une *Mitsva* fait exception à cette règle.
2. מִשְׁנָה בְּרוּרָה *Michna Broura* (669, 11) : code de lois juives, rédigé par *Rabbi Israël Meïr HaCohen*, qui fait autorité dans les Communautés *achkénazes*.
3. *Rabbi El'azar Ben Moshé Ezkari* : contemporain de *Rabbi Moshé Cordovero*, du *Arizal* et de nombreux autres kabbalistes à l'époque de l'âge d'or que connut la ville de *Tsfat*.

Et voici ce qu'il écrit :

« La quatrième condition est que l'homme éprouve véritablement de la Joie lors de l'accomplissement d'une *Mitsva*, car chacune des *Mitsvot* qui se présente à lui est un Cadeau que הקב״ה lui envoie.

Et plus la *Simḥa* accèdera à un niveau élevé, plus la récompense sera grande ».

De même, le saint kabbaliste, notre Maître *Yitsḥak Ashkenazi* [le *Arizal*], que son mérite nous protège, révéla à son confident que tous les Degrés qu'il avait atteints, les Portes de la Sagesse qui se sont ouvertes devant lui et l'Inspiration Divine qu'il avait perçue, étaient la récompense du fait qu'il était heureux lorsqu'il accomplissait les *Mitsvot*.

Et il ajouta : « C'est ce qui est écrit : 'Parce que tu n'auras pas servi יהו״ה, ton אלהי״ם, avec *Simḥa* et allégresse dans ton cœur, מֵרֹב כֹּל à cause de l'abondance de tout' (*Devarim* 28, 47). מֵרֹב כֹּל 'à cause de l'abondance de tout', c'est-à-dire : מִכֹּל 'plus que' toutes les sortes de plaisirs du monde, מִכֹּל 'plus que' tout l'or, les pierres précieuses et les perles.

Et que ce soit Sa Volonté que nous ayons tous ensemble et rapidement le mérite de recevoir cette Lumière. Amen ! Qu'ainsi soit Sa Volonté ! »

Index des commentaires (1)

Il est essentiel d'être joyeux en toute circonstance	31
La crainte doit précéder la Joie	33
La Joie émane du Côté de la Kedoucha	35
La Chekhina ne réside pas là où règne la tristesse	39
Servir 'ה dans la Joie contribue au Tikkoun de la Chekhina	41
Comment attirer la Chekhina ?	43
Quand l'homme sert 'ה avec Joie, il s'attache à la Chekhina	45
De nombreux Envoyés malfaisants s'efforcent de nuire	47
Là où il y a une joie profane, il y aura un tremblement	49
La Joie est indispensable pour entrer dans le Sanctuaire	50

Index des commentaires (2)

Le Service Divin dans le Sanctuaire	53
L'offrande de l'encens augmente la Joie dans le monde	55
Servir 'ה avec Joie fait descendre la Joie d'en Haut	56
La tristesse n'atteint pas celui qui se consacre à la Tora	57
Étudier le Secret de la Tora réjouit le cœur de l'homme	58
Seul celui qui étudie la Tora procure de la Joie à הקב״ה	60
Celui qui suit les Voies de 'ה est rempli de Joie	64
Dire le Chema' avec Kavana éveille en Haut la Joie	66
La prière n'est agréée que si elle est dite avec Joie	68
Celui qui se réjouit à Chabbat, la Chekhina dit de lui : ...	73

Index des commentaires (3)

Le Vin de la Joie de la Coupe de Bénédiction	74
La Joie de la Mitsva permet de vraiment servir 'ה	75
Celui qui réjouit les pauvres, הקב"ה Se réjouit avec lui	77
Louer 'ה avec Joie à la fin du repas	79
Il faut associer הקב"ה à sa Joie	83
La Joie au cours du repas de Bar Mitsva	88
La Joie parfaite à l'avenir, ce sera la Révélation Divine	92
Israël n'a de Joie qu'en 'ה	94
Il n'y a de Joie qu'à Jérusalem	98
En ce temps-là, il y aura un Rire immense	100

Il est essentiel d'être joyeux en toute circonstance

Ce Midrach enseigne qu'être joyeux et reconnaissant envers 'ה, loué soit-Il, face à toutes les vicissitudes que l'homme peut rencontrer, est le meilleur remède qui soit pour l'aider et le sauver de sa mauvaise situation.

Le Zohar

יָדַעְתִּי כִּי אֵין טוֹב בָּם כִּי אִם לִשְׂמוֹחַ וְלַעֲשׂוֹת טוֹב בְּחַיָּיו, יָדַעְתִּי כִּי אֵין טוֹב בָּם, בְּאִינּוּן עוֹבָדִין, דְּלָא אִתְעֲבִידוּ כְּדְקָא יָאוּת, כִּי אִם לִשְׂמוֹחַ בְּכָל מַה דְּיֵיתֵי עֲלוֹי, וּלְמֵיהַב הוֹדָאָה לְקֻדְשָׁא בְּרִיךְ הוּא, וְלַעֲשׂוֹת טוֹב בְּחַיָּיו.

Plus doux que le miel

« J'ai su qu'il n'y a rien de mieux **בָּם** 'pour eux', que de se réjouir et de faire le bien dans 'sa' vie » (*Kohelet* 3, 12). [Ne lis pas **בָּם** « pour eux » mais « en eux »] : « J'ai su qu'il n'y a rien de bien en eux », ce qui signifie : **dans ce qu'ils ont fait, mais qui ne s'est pas produit comme il fallait,** avec l'intention de réaliser un **תִּקּוּן** *Tikkoun* « une rectification spirituelle ». C'est pourquoi il n'est d'autre conseil pour cet homme « **que de se réjouir** » pour tout ce qui lui arrive, [y compris] les souffrances destinées à purifier ses fautes, **de louer et remercier הקב״ה**, et désormais de s'efforcer « **de faire le bien** [de rectifier en lui tout ce qui doit l'être] **dans sa vie** ».

Et il explique ses paroles [la raison pour laquelle il doit se réjouir au sujet de ce qui l'afflige] ; et il dit : **si ce qu'il a fait lui a causé du mal,** une souffrance et un châtiment, **c'est en**

דְּהָא אִי הַהוּא עוֹבָדָא גָּרִים לֵיהּ בִּישָׁא, בְּגִין הַהוּא דַּרְגָּא דְּקָא מְמַנָּא עֲלוֹי, אִית לֵיהּ לְמֶחֱדֵי בֵּיהּ וּלְאוֹדָאָה עֲלֵיהּ, דְּאִיהוּ גָּרִים לֵיהּ לְנַפְשֵׁיהּ, וְאִיהוּ אָזִיל בְּלָא יְדִיעָא כְּצִיפֳּרָא דָּא בְּגוֹ קוּסְטִירָא.

I זהר קצה ע״ב

Plus doux que le miel

raison du Degré [d'impureté] qui est à l'origine de cette mauvaise action et qui l'a incité à fauter : c'est lui-même qui monte [vers le Tribunal Céleste] pour l'accuser, et ensuite il fait venir sur lui le châtiment. C'est pourquoi **il doit se réjouir et remercier** הקב״ה **pour le châtiment qu'il a reçu à cause de ses fautes ; car c'est lui seul qui porte la responsabilité de la séduction de son Âme** par l'inclination au mal. **Et il est allé** dans le monde **sans savoir** où il allait [comme un aveugle ayant perdu son chemin], parce qu'il n'a pas réfléchi à ce qui allait se passer là-Haut à la suite de ce qu'il avait fait : et tel un oiseau, il est tombé dans le piège.

I Zohar 195b

תִּקּוּן Tikkoun « Rectification spirituelle »

Rabbi Chim'on a dit : « Ce n'est pas seulement pour [la raison précédemment évoquée] **qu'il est dit 'face au soleil'** (*BeMidbar* 25, 4). Mais d'ici nous apprenons qu'au Degré et à la *Sefira* où l'homme a fauté contre הקב״ה, au même endroit et à la même *Sefira* il doit faire le *Tikkoun* de son Âme...

III Zohar 217a

La crainte doit précéder la Joie

Il sera expliqué dans ce Midrach que si l'on veut servir 'ה, il faut commencer par craindre Son NOM éminemment respectable. Et ce n'est qu'ensuite qu'il deviendra possible de Le servir avec Joie et Amour.

Le Zohar

רַבִּי יִצְחָק פָּתַח, עִבְדוּ אֶת יהו"ה בְּיִרְאָה וְגִילוּ בִּרְעָדָה (תהילים ב יא), וּכְתִיב, עִבְדוּ אֶת יהו"ה בְּשִׂמְחָה בֹּאוּ לְפָנָיו בִּרְנָנָה (תהילים ק ב), הָנֵי קְרָאֵי קַשְׁיָין אַהֲדָדֵי.

אֶלָּא הָכִי תָּאנָא, עִבְדוּ אֶת יהו"ה בְּיִרְאָה. דְּכָל פּוּלְחָנָא דְּבָעֵי בַּר נָשׁ לְמִפְלַח קָמֵי מָארֵיהּ, בְּקַדְמֵיתָא בָּעֵי יִרְאָה, לְדַחֲלָא מִנֵּיהּ,

Plus doux que le miel

Rabbi Yitsḥak commença par expliquer ce qui est écrit : « 'Servez יהו"ה avec שִׂמְחָה 'Joie' et réjouissez-vous avec רְעָדָה 'tremblement' [avec crainte]' (*Tehillim* 2, 11). Et il est écrit : 'Servez יהו"ה avec שִׂמְחָה 'Joie', venez לְפָנָיו 'devant Lui' avec des chants d'allégresse' (*Tehillim* 100, 2). Ces [deux] versets se contredisent l'un l'autre, car dans le premier verset [l'Écriture] dit qu'il faut servir 'ה avec crainte et tremblement, et dans l'autre verset elle dit qu'il faut servir 'ה avec Joie et des chants d'allégresse ».

Et il répond : « Mais nous avons appris ainsi : ce qui est écrit 'Servez יהו"ה avec crainte', cela veut dire que chaque fois que l'homme doit servir son Maître, au commencement il faut la crainte, [c'est-à-dire] Le craindre,

וּבְגִין דַּחֲלָא דְּמָארֵיהּ, יִשְׁתַּכַּח לְבָתַר דְּיַעֲבִיד בְּחֶדְוָותָא פְּקוּדֵי אוֹרַיְיתָא, וְעַל דָּא כְּתִיב, מָה יהו״ה אלהי״ךָ שֹׁאֵל מֵעִמָּךְ כִּי אִם לְיִרְאָה (דברים י יב).

I זהר נו ע״א

Plus doux que le miel

et ceci est la porte pour entrer dans [la Voie qui permet] de servir 'ה, parce que grâce à la crainte l'homme veillera à ne pas transgresser la Volonté de הקב״ה. Et du fait de la crainte de son Maître, il trouvera ensuite qu'il devra faire et accomplir toutes les *Mitsvot* de la *Tora* avec *Simḥa* ; et il a dit : 'il trouvera', qui montre qu'il s'agit d'une trouvaille, c'est-à-dire que c'est elle [la *Simḥa*] qui le trouvera, selon la parole de nos Sages : 'Celui qui vient pour se purifier, on le purifie'. Et à ce sujet, il est écrit : « Et maintenant, Israël ! Qu'est-ce que יהו״ה ton אלהי״ם te demande ? Seulement de Le craindre… » (*Devarim* 10, 12). Et en vérité, il donne là-bas encore d'autres détails : « d'aller dans toutes Ses Voies et de L'aimer… ». Mais la première demande que 'ה présente à l'homme est de Le craindre, car c'est là que commence le Service Divin, et de là découlera l'accomplissement de toutes les Mitsvot. C'est pourquoi, lorsqu'il aura en lui la crainte, il parviendra à avoir le mérite de servir 'ה avec Joie et toutes les autres qualités [nécessaires].

I Zohar 56a

La Joie émane du Côté de la Kedoucha, et la tristesse de l'autre Côté : celui de l'Impureté

Ce Midrach enseigne que l'origine de la Joie, lorsque l'on accomplit une Mitsva, se situe à l'opposé de l'origine de la tristesse : la première émane du Côté de la Kedoucha, tandis que la seconde provient du Sitra Aḥra, « l'autre Côté », qui est celui où règnent les forces négatives et impures.

Le Zohar

כְּתִיב, וְשִׁבַּחְתִּי אֲנִי אֶת הַשִּׂמְחָה אֲשֶׁר אֵין טוֹב לָאָדָם תַּחַת הַשֶּׁמֶשׁ כִּי אִם לֶאֱכֹל וְלִשְׁתּוֹת וְלִשְׂמוֹחַ וְהוּא יִלְוֶנּוּ בַעֲמָלוֹ יְמֵי חַיָּיו אֲשֶׁר נָתַן לוֹ הָאלֹהִ"ם תַּחַת הַשֶּׁמֶשׁ (קהלת ח טו), וְשִׁבַּחְתִּי אֲנִי אֶת הַשִּׂמְחָה, וְכִי שְׁלֹמֹה מַלְכָּא מְשַׁבַּח דָּא.

Plus doux que le miel

Il est écrit : « Et j'ai fait l'éloge de la Joie : il n'y a rien de mieux pour l'homme sous le soleil, c'est-à-dire : en ce monde, **que de manger, de boire et de se réjouir**, car manger et boire procurent de la Joie ; c'est ce qui l'accompagnera, la Joie s'attachera à lui, בַעֲמָלוֹ 'dans son labeur' lorsqu'il יַעֲמֹל 'peinera', [durant] tous **les jours de sa vie que** אלֹהִ"ם **lui a accordés** pour vivre **sous le soleil**, en ce monde ; pour qu'il ne soit pas épuisé par la fatigue du labeur *(Metsoudat [commentaire de Rabbi David Altschuler et de son fils Rabbi Yeḥiel])* » (*Kohelet* 8, 15). Il explique ce qui est écrit : « J'ai fait l'éloge de la Joie… », et il demande : « Est-ce que le roi *Chlomo* [réputé pour sa grande Sagesse] a fait l'éloge de la joie qui vient des plaisirs de ce monde » ?!

אֶלָּא וְשִׁבַּחְתִּי אֲנִי אֶת הַשִּׂמְחָה, דָּא חֶדְוָותָא דְּמַלְכָּא קַדִּישָׁא, בְּזִמְנָא דְּאִיהוּ שַׁלְטָא, בְּשַׁבְּתָא וּבְיוֹמִין טָבִין, דְּמִכָּל עוֹבָדִין טָבִין דְּבַר נָשׁ עָבֵיד, אֵין טוֹב לָאָדָם תַּחַת הַשֶּׁמֶשׁ, כִּי אִם לֶאֱכֹל וְלִשְׁתּוֹת, וּלְאַחֲזָאָה חֶדְוָותָא בְּהַהוּא זִמְנָא (נ"א סִטְרָא) בְּגִין דִּיהֵא לֵיהּ חוּלָקָא לְעָלְמָא דְּאָתֵי.

וְהוּא יְלַוֵּנוּ בַּעֲמָלוֹ, מַאן, דָּא קֻדְשָׁא בְּרִיךְ הוּא, הוּא יְלַוֵּנוּ,

Plus doux que le miel

Et il répond : Mais l'intention du roi *Chlomo* [quand il a dit] « J'ai fait l'éloge de la Joie… » n'était [évidemment] pas de faire l'éloge des plaisirs de ce monde, [car] il s'agit de la Joie du Roi Qui est קָדוֹשׁ « SAINT », loué soit-Il, au moment où Il est Présent [dans les *Nechamot*], c'est-à-dire lors des *Chabbatot* et des jours de Fêtes, parce qu'alors en Haut règne la *Simḥa* ; et en bas, il convient de manger, boire et de se réjouir. Car parmi toutes les bonnes actions physiques et matérielles que l'homme fait en ce monde, « il n'y a rien de mieux pour l'homme sous le soleil que de manger, de boire, c'est-à-dire : de manifester sa Joie à ce moment-là, lors des repas de Chabbat, parce que la Joie de *Chabbat* et des jours de Fêtes s'étend sur tous les *Bnei Israël*, sur chacun d'entre eux selon le Degré qu'il aura atteint (et celui qui s'attriste à *Chabbat* ou lors d'un jour de Fête – que nous en soyons préservés –, porte atteinte à cette Joie [générale], car grâce à la *Simḥa* de *Chabbat* et des jours de Fêtes, il aura une Part dans le Monde qui vient.

Et à propos de ce qui est écrit : « … c'est הוּא « Lui » Qui l'accompagnera… », il demande : Qui l'accompagnera ? Et il répond : c'est הקב"ה. Il l'accompagnera, et Il ira avec lui

וְיֵהַךְ עִמֵּיהּ לְאַעֲלָא לֵיהּ לְעָלְמָא דְּאָתֵי.

דָּבָר אַחֵר, וְהוּא יִלְוֶנּוּ, מַאן הוּא, הַהוּא בַּר נָשׁ דְּאָכִיל וְשָׁתֵי וְחַדֵי, כָּל מַאי דְּאַפִּיק לְמֵיכַל וּלְמִשְׁתֵּי, הוּא יִלְוֶנּוּ לְקֻדְשָׁא בְּרִיךְ הוּא בְּהַלְוָאָה, וְאִיהוּ יָהִיב לֵיהּ כִּפְלֵי כִפְלַיִם, מִכָּל מַה דְּאַפִּיק בְּהַאי.

בִּתְרֵין אִלֵּין אוֹזִיף בַּר נָשׁ לְקֻדְשָׁא בְּרִיךְ הוּא, כַּד חָיֵיס לֵיהּ לְמִסְכְּנָא, וְכַד אַפִּיק בְּשַׁבָּתֵי וְזִמְנֵי, דְּהָא כֹּלָּא אוֹזִיף לְקֻדְשָׁא

Plus doux que le miel

pour l'amener dans le Monde qui vient.

Autre explication à propos de ce qui est écrit : « ... יִלְוֶנּוּ « Il l'accompagnera »... ». Il interprète יִלְוֶנּוּ au sens de הַלְוָאָה « prêt », et il demande : **qui est-ce**, le prêteur ? Et il répond : **c'est l'homme qui mange, boit et se réjouit en l'honneur de** *Chabbat* **et des jours de Fêtes, car tout** [l'argent] qu'il **dépense pour manger et boire,** יִלְוֶנּוּ **« il le prête »** à הקב״ה **sous forme de** הַלְוָאָה **« prêt »,** (parce que les repas de *Chabbat* et des jours de Fêtes sont pour הקב״ה, et ce que nous dépensons pour Lui est considéré, pour ainsi dire, comme si הקב״ה avait emprunté auprès de nous). **Et** הקב״ה **le remboursera en le payant avec largesse, par rapport à tout ce qu'il aura dépensé en ce monde pour** *Chabbat* **et les jours de Fêtes.**

Et il dit encore : « Par ces deux choses, l'homme prête à הקב״ה **: la première, quand il montre sa bienveillance et qu'il donne au pauvre ; la seconde, quand il sort** [de l'argent] **afin de faire des dépenses pour** *Chabbat* **et les jours de Fêtes, car il a tout sorti pour** הקב״ה **: tout ce qu'il a donné au pauvre**

בְּרִיךְ הוּא, כְּמָה דְאַתְּ אָמַר מַלְוֵה יְהֹוָ"ה חוֹנֵן דָּל וּגְמֻלוֹ יְשַׁלֶּם לוֹ (משלי יט יז).

וּבְגִין כָּךְ, דָּא שִׂמְחָה וְדָא עֲצִיבוּ, דָּא חַיִּים וְדָא מָוֶת, דָּא טוֹב וְדָא רָע, דָּא גַּן עֵדֶן וְדָא גֵּיהִנָּם, וְכֹלָּא, דָּא בְּהִפּוּכָא דְּדָא.

II זהר רנ"ה ע"א

Plus doux que le miel

et sorti pour la *Simḥa* de *Chabbat* et des jours de Fêtes, il l'a prêté à **הקב"ה**, comme il est dit : « Donner au pauvre, c'est prêter à **יהו"ה** » (*Michlei* 19, 17), ce qu'il a accordé et donné au pauvre est considéré comme s'il l'avait prêté à **ה'**, « et son bienfait sera récompensé » (fin du verset), et ce qu'il a sorti en dépenses pour *Chabbat* et les jours de Fêtes, **הקב"ה** le lui rendra au centuple. C'est pourquoi il ne faut pas réduire les dépenses de *Chabbat*, des jours de Fêtes et des dons aux pauvres, car **הקב"ה** le récompensera avec largesse.

Et donc, ceci, la **קְדֻשָּׁה** *Kedoucha* [qui relie à **הקב"ה**], c'est la Joie ; et cela, **סִטְרָא אַחְרָא** *Sitra Aḥra* « l'autre Côté » [le domaine des Forces impures qui s'opposent à la *Kedoucha*], c'est la tristesse. Ceci, *la Kedoucha*, c'est la Vie ; et cela, *le Sitra Aḥra*, c'est la mort. Ceci, *la Kedoucha*, c'est le bien ; et cela, *le Sitra Aḥra*, c'est la mal. Ceci, *la Kedoucha*, c'est le *Gan 'Eden* ; et cela, *le Sitra Aḥra*, c'est le *Gueïhinnôm*. Et en tout, cela, *le Sitra Aḥra*, est le contraire de ceci, la *Kedoucha*.

II Zohar 255a

La Chekhina ne réside pas là où règne la tristesse

De ce Midrach nous apprenons que la Présence Divine s'éloigne de toute personne qui est dominée par la tristesse. C'est la raison pour laquelle le prophète Elicha' a demandé que vienne un ménestrel, afin que la Chekhina puisse résider sur lui.

Le Zohar

חָמֵינָן דִּשְׁכִינְתָּא לָא שַׁרְיָא בַּאֲתַר עֲצִיבוּ אֶלָּא בַּאֲתַר דְּאִית בֵּיהּ חֶדְוָה, אִי חֶדְוָה לֵית בֵּיהּ לָא שַׁרְיָא בֵּיהּ שְׁכִינְתָּא בְּהַהוּא אֲתַר, כְּמָה דְאַתְּ אָמַר, וְעַתָּה קְחוּ לִי מְנַגֵּן וְהָיָה כְּנַגֵּן הַמְנַגֵּן וַתְּהִי עָלָיו יַד יְהֹוָ"ה (מלכים ב ג טו), דְּהָא שְׁכִינְתָּא וַדַּאי לָא שַׁרְיָא בַּאֲתַר עֲצִיבוּ,

Plus doux que le miel

Nous avons vu (*Chabbat* 30b) que la *Chekhina* ne réside pas là où il y a de la tristesse, mais seulement là où règne la Joie. S'il n'y a pas de Joie en lui [dans le *Tsaddik*, qui aspire à progresser], **la *Chekhina* ne réside pas en lui** [au plus profond de son cœur], **comme il est dit** au sujet du prophète *Elicha'* : « **Amenez-moi un ménestrel…** », pour me rendre joyeux, car la *Chekhina* s'était éloignée de lui à cause de sa colère contre *Yoram* ; « **… et quand le ménestrel commença à jouer,** aussitôt : **la Main de יהו״ה fut sur lui** » (II *Melakhim* 3, 15), le Souffle de la prophétie s'empara de lui ; nous voyons donc que lorsque le prophète *Elicha'* voulait attirer sur lui la Présence Divine ; il demandait de faire venir un ménestrel pour le rendre joyeux afin que la *Chekhina* repose sur lui. **Car il est certain que la *Chekhina* ne réside pas là où il y a de la tristesse** [là où un manque est ressenti],

וּמְנָלָן מִיַּעֲקֹב, דִּבְגִין דַּהֲוָה עָצִיב עֲלֵיהּ דְּיוֹסֵף, אִסְתַּלְּקַת שְׁכִינְתָּא מִנֵּיהּ, כֵּיוָן דְּאָתָא לֵיהּ חֶדְוָה דִּבְשׂוֹרָה דְּיוֹסֵף, מִיָּד וַתְּחִי רוּחַ יַעֲקֹב אֲבִיהֶם (בראשית מה כז).

I זהר קפ ע״ב

Plus doux que le miel

et c'est pourquoi grâce à la Joie, la *Chekhina* revint vers lui. Et d'où savons-nous que la *Chekhina* s'éloigne lorsque l'homme est gagné par la tristesse ? De *Ya'akov*, parce qu'il était triste à cause de la disparition de *Yossef* (*BeRechit* 37, 35), la *Chekhina* s'était éloignée de lui. Mais dès que la Joie revint, quand il apprit la nouvelle que *Yossef* était encore vivant, immédiatement « ... l'esprit de *Ya'akov*, leur père, se mit à revivre » (*BeRechit* 45, 27).

I Zohar 180b

« L'Esprit de Ya'akov, leur père, se mit à revivre »

Viens et vois ! Il est écrit : « L'Esprit [le Souffle prophétique] de *Ya'akov*, leur père, se mit à revivre ». Cela signifie qu'avant son Esprit était mort. Et il ne voulait pas non plus recevoir un autre Esprit, car l'Esprit Suprême ne réside pas dans un lieu qui est vide. *Rabbi Yossé* a dit : « La *Chekhina* ne réside que dans un lieu complet, et non dans un lieu où il y a un manque ; ni dans un lieu qui a un défaut, ni dans un lieu qui est triste. Mais [Elle réside] dans un lieu qui convient, là où règne la Joie...

I Zohar 216a

Servir ה' dans la Joie
contribue au Tikkoun de la Chekhina

Il est expliqué dans ce Midrach que le Tikkoun de la Chekhina provient de la Joie que l'on a au moment où l'on étudie la Tora ou lorsque l'on adresse sa prière à ה'.

Le Zohar

לֵךְ אֱכֹל בְּשִׂמְחָה לַחְמֶךָ (קהלת ט ז), וְאִיהוּ לַעֲבֹדַת הָאָדָם, ה' דְּאָדָם דְּאִתְּמַר בָּהּ הַמּוֹצִיא לֶחֶם מִן הָאָרֶץ.

מַאי לַעֲבוֹדַת הָאָדָם, לֵית עֲבֹדָה הָכָא אֶלָּא צְלוֹתָא, דְּאִיהִי

Plus doux que le miel

« Va, mange ton pain dans la Joie… » (*Kohelet* 9, 7), c'est-à-dire : tu dois étudier le Pain de la *Tora* [descendue du Ciel, comme la manne] dans la Joie ; et cela, **לַעֲבֹדַת הָאָדָם** « pour le Service Divin de l'homme » (*Tehillim* 104, 14), [qui est de réaliser] le *Tikkoun* **הקב"ה** [*Ze'er Anpine*] et Sa *Chekhina* [*Malkhout*], qui sont appelés **הָ'אָדָם** « l'Homme ». Il explique : [la lettre] **ה'** de **הָ'אָדָם** correspond à *Malkhout*, la *Chekhina*, **dont il est dit : « הַ'מּוֹצִיא** 'Qui fait sortir' le pain de la Terre » ; explication : **ה'** [la quatrième lettre du NOM **יהו"ה**], qui correspond à la *Chekhina,* fait sortir en abondance le Pain et la Nourriture [spirituels] en faveur des mondes d'en bas, de la Terre ; [ceux-ci proviennent] de **הָאָרֶץ** « la Terre », d'elle-même, car *Malkhout* est aussi appelée **אֶרֶץ** « Terre » [parce qu'elle 'donne' des Fruits, qui sont les *Nechamot*].

Et il explique encore d'une autre façon : « **Qu'est-ce qui est appelé 'le Service Divin de l'homme' ?** » Et il dit : « Il

פּוּלְחָנָא דִּשְׁכִינְתָּא, עֲבַדַת יהו"ה וַדַּאי, וַעֲלָהּ אִתְּמַר יֵצֵא אָדָם לְפָעֳלוֹ וְלַעֲבֹדָתוֹ עֲדֵי עָרֶב (תהלים קד כג), יֵצֵא אָדָם לְפָעֳלוֹ דָּא צְלוֹתָא דְשַׁחֲרִית, וְלַעֲבֹדָתוֹ עֲדֵי עָרֶב דָּא צְלוֹתָא דְמִנְחָה, דְּאִתְּמַר בָּהּ וַיֵּצֵא יִצְחָק לָשׂוּחַ בַּשָּׂדֶה לִפְנוֹת עָרֶב (בראשית כד סג).

תיקוני זהר פז ע"א

Plus doux que le miel

n'y a pas ici d'autre עֲבֹדַת הָאָדָם « Service Divin » que la prière, comme disent nos Sages, de mémoire bénie, au début du Traité *Ta'anit*, à propos du verset : « ... וּלְעָבְדוֹ 'et de Le servir' de tout votre cœur... » (*Devarim* 11, 13) : « Quel est הָעֲבֹדָה 'le Service' qui est [accompli] avec le cœur ? Tu diras : c'est la prière » ; car elle est le Service Divin [destiné à réaliser le] *Tikkoun* [du monde par l'acceptation du Royaume de] la *Chekhina* [appelée *Malkhout*]. [Et la prière est aussi] le Service Divin [orienté vers] יהו"ה, c'est-à-dire vers *Ze'er Anpine* (*Tif'eret*), qui est appelé יהו"ה, parce que grâce à la prière, on fait monter des הַשְׁפָּעוֹת « Influences [positives] » et l'on attire [dans l'Âme] les מוֹחִין [*Ḥokhma*, *Bina* et *Da'at*, pour favoriser l'Union de] הקב"ה et de Sa *Chekhina*. Et à propos de la prière, il est dit : « L'homme sort à son devoir et à son Service jusqu'au soir » (*Tehillim* 104, 23). Et il explique : « ... יֵצֵא 'sort' לְפָעֳלוֹ 'à son devoir'... », c'est la prière du matin, car c'est par cela que l'homme doit commencer le matin, « ... et לַעֲבֹדָתוֹ 'Le servir' jusqu'au soir », c'est la prière de מִנְחָה *Minḥa* « Offrande », dont il est dit : « Et *Yitsḥak* וַיֵּצֵא 'sortit' pour prier dans les champs à l'approche du soir... » (*BeRechit* 24, 63), et alors il instaura la prière de *Minḥa*.

Tikkounei Zohar 87a

Comment attirer la Chekhina ? En servant 'ה avec Joie

Dans ce Midrach, nous apprenons que la Joie de la Mitsva doit avant tout être intérieure : dans le cœur de l'homme. Mais elle peut aussi parfois s'exprimer de façon extérieure.

Le Zohar

וְשָׂמַחְתָּ לִפְנֵי יהו"ה אלהי"ךָ, דָּא אִיהוּ בְּכוֹס שֶׁל בְּרָכָה, כַּד בָּרִיךְ בַּר נָשׁ בְּכוֹס שֶׁל בְּרָכָה, אִצְטְרִיךְ לְמֶחֱדֵי וּלְאַחֲזָאָה חֶדְוָה וְלָא עֲצִיבוּ כְּלָל, כֵּיוָן דְּנָטִיל בַּר נַשׁ כּוֹס שֶׁל בְּרָכָה, קֻדְשָׁא

Plus doux que le miel

« … et tu te réjouiras devant יהו"ה, ton אלהי"ם » (*Devarim* 27, 7). Ceci est dit **à propos de la coupe de bénédiction,** grâce à laquelle l'homme attire la *Simḥa* de *Bina* [qui est toujours en Joie] dans *Malkhout* [la שְׁכִינָה *Chekhina*], qui est aussi appelée « coupe de bénédiction », **car lorsqu'un homme récite** בִּרְכַּת הַמָּזוֹן *Birkat HaMazone* « la bénédiction pour la nourriture » **sur une coupe de bénédiction, il doit se réjouir** au fond de son cœur, **et il doit aussi montrer sa *Simḥa*** à l'extérieur [vis-à-vis des autres participants au repas] ; **et il ne doit pas du tout être triste** : il mettra de côté ses soucis, loin de son cœur, de sorte que les חִיצֹנִים *Hitsonim* « forces externes [à la *Kedoucha*] » ne prendront aucune part à la bénédiction pour la nourriture [afin de ne pas accroître leur pouvoir de nuisance]. **Lorsqu'un homme prend la coupe de bénédiction** dans sa main, הקב"ה **Se tient devant lui** [à ce moment-là]**,** et non seulement devant lui lorsqu'il prend son repas. C'est pourquoi **l'homme doit envelopper**

בְּרִיךְ הוּא קָאֵים עַל גַּבֵּיהּ, וְאִיהוּ אִצְטְרִיךְ לְאַעֲטָפָא רֵישֵׁיהּ בְּחֶדְוָה.

II זהר קסח ע"ב

Plus doux que le miel

sa tête de *Simḥa* [comme il la couvre d'un *Tallit*], afin qu'il devienne un « Trône » [et un *Réceptacle*] pour que la *Chekhina* repose sur lui.

II Zohar 168b

La Sefira Malkhout et la Coupe de Bénédiction

L'ordre dans lequel les *Sefirot* se présentent est appelé : עֵץ חַיִּים « l'Arbre de Vie ». Ce dernier se termine par la *Sefira Malkhout*, qui est la plus éloignée de la *Kedoucha*. *Malkhout* n'a par elle-même aucune Lumière de 'ה. Toute la Lumière qu'elle a provient des autres *Sefirot*, sous forme de שֶׁפַע « Influx Divin et Abondant de Bienfaits » qu'elle reçoit. La Source initiale de la Lumière de ces Bienfaits, ainsi que de la *Simḥa* qui en découle, est la *Sefira Bina*. Pour combler le vide qui se trouve dans *Malkhout* et attirer ici-bas la *Chekhina*, il faut donc, de façon symbolique, remplir la coupe de bénédiction avec du vin, dont l'Écriture dit que :

« Il réjouit le cœur de l'homme » (*Tehillim* 104, 15).

Après la destruction du *Beit HaMikdach*, la *Chekhina* est, pour ainsi dire, envahie de tristesse, car Elle Se trouve en Exil. Mais la coupe de bénédiction lui apporte la *Simḥa* et permet de réaliser son תִּקּוּן *Tikkoun*.

Quand l'homme sert ה' avec Joie, il s'attache à la Chekhina

Ce Midrach nous enseigne que le meilleur moyen de s'attacher à la Chekhina est de servir ה' avec Joie.

Le Zohar

שִׂמְחָה דָּא כְּנֶסֶת יִשְׂרָאֵל, וְשִׂמְחָה הָא אוּקְמוּהָ, כִּדְכְתִיב כִּי בְשִׂמְחָה תֵצֵאוּ וְגוֹ' (ישעיהו נה יב), וּזְמִינִין יִשְׂרָאֵל לְנַפְקָא מִן גָּלוּתָא בְּהַאי שִׂמְחָה, וּמַאן אִיהִי כְּנֶסֶת יִשְׂרָאֵל, וְעַל דָּא עִבְדוּ אֶת יהו"ה בְּשִׂמְחָה, כְּמָה דִכְתִיב בְּזֹאת יָבֹא אַהֲרֹן אֶל

Plus doux que le miel

שִׂמְחָה *Simḥa* « la Joie », c'est [le trait principal de] כְּנֶסֶת־יִשְׂרָאֵל *Knesset Israël* « l'Assemblée d'Israël », qui correspond à la *Chekhina* ; et שִׂמְחָה, les Compagnons ont déjà expliqué que c'est la *Chekhina*, comme il est écrit : « Car vous sortirez [de l'exil de Babylone] avec שִׂמְחָה et vous serez reconduits [en Israël] en paix… » (*Yecha'yahou* 55, 12), ce qui signifie qu'à l'avenir **Israël sortira de l'Exil** [physique et spirituel] **avec cette** שִׂמְחָה. Et qui est-elle, cette שִׂמְחָה ? C'est *Knesset Israël*, qui correspond à la *Chekhina*. **Et à ce sujet, il est écrit** : « **Servez** יהו"ה **avec** שִׂמְחָה 'Joie'… » (*Tehillim* 100, 2), pour dire que l'on ne doit pas servir le NOM הוי"ה, qui correspond à la *Sefira Tif'eret*, sans l'unifier à *Malkhout*, car cela provoquerait une grave division [dans Son Unité] et entraînerait la mort. Mais il faut unifier *Tif'eret*, appelée הוי"ה, avec *Malkhout* [la *Chekhina*] qui est appelée שִׂמְחָה, **comme il est écrit** : « בְּזֹאת 'Avec cela' *Aharon* entrera dans

הַקֹּדֶשׁ (ויקרא טז ג), וְכֹלָּא חַד.

III זהר ח ע״ב

Plus doux que le miel

le Sanctuaire… » (*VaYikra* 16, 3), ce qui signifie que c'est avec l'Attribut de *Malkhout*, qui est appelé זֹאת « Cela » [ainsi que *Chekhina*], qu'il devra entrer dans le קֹדֶשׁ *Kodech* « Sanctuaire », qui correspond à *Tif'eret*. **Et le tout est un :** que ce soit שִׂמְחָה *Simḥa* « Joie » ou זֹאת « Cela » : ces deux noms se rapportent à une seule et même Entité : הַשְּׁכִינָה la *Chekhina* « la Présence Divine ».

III Zohar 8b

La Chekhina « la Présence Divine »

Après la destruction du premier *Beit HaMikdach*, la *Chekhina* est partie en Exil, en même temps qu'Israël. Mais Elle reviendra, avec le retour des exilés, comme il est écrit : « Servez יהו״ה avec שִׂמְחָה *Simḥa*… », parce que la *Chekhina* est appelée *Simḥa*.

La *Chekhina*, qui est le Secret de *Malkhout*, est aussi appelée זֹאת *Zot* « Cela » et אֱמוּנָה « *Emouna* », comme il est écrit : « זֹאת 'Cela' est ma consolation dans ma misère… » (*Tehillim* 119, 50). Ma consolation face à tous ceux qui me tourmentent, c'est la *Emouna* que j'ai en Toi.

De nombreux Envoyés malfaisants s'efforcent de nuire à la Joie lors de l'étude de la Tora et de l'accomplissement des Mitsvot

Dans ce Midrach seront évoquées la crainte et l'inquiétude de Moshé notre Maître, que la Paix repose sur lui, au cas où il adviendrait que l'on soit triste au moment de servir 'ה.

Le Zohar

מֵא"ף וְחֵמָ"ה אִלֵּין נָפְקִין כַּמָּה אֶלֶף וְכַמָּה רִבְבָן, וְכֻלְּהוּ נַפְקֵי וְשָׁארָן עֲלַיְיהוּ דִּבְנֵי נָשָׁא, אִינּוּן דְּמִשְׁתַּדְּלִין בְּאוֹרַיְיתָא אוֹ דְּמִשְׁתַּדְּלֵי בְּמִלֵּי דְמִצְוָה וְאָזְלֵי בְּאָרְחָא דְמִצְוָה, בְּגִין דְּיִתְעַצְּבוּן וְלָא יֶחֱדוּן בָּהּ, וּמַתְרֵין אִלֵּין

Plus doux que le miel

De ces deux רוּחוֹת « Souffles », qui sont appelés אַף *Af* « Colère » et חֵמָה *Hema* « Courroux », sortent plusieurs milliers et plusieurs dizaines de milliers *de* מַלְאָכִים *Mal'akhim* « Envoyés » malfaisants : **ils sortent tous et se tiennent au-dessus des hommes : ceux qui s'efforcent** *[d'approfondir]* **la** *Tora***, ou ceux qui s'occupent des** *Mitsvot***, ou qui vont en chemin pour accomplir une certaine** *Mitsva***.** [Ces *Mal'akhim* ne pensent qu'à] **les rendre tristes, afin qu'ils ne ressentent aucune Joie** lors de l'étude de la *Tora* et l'accomplissement de la *Mitsva* dont ils s'occupent ; alors que ces hommes doivent [au contraire] accomplir [les *Mitsvot*] avec Joie, comme il est écrit : « Les Préceptes de יהו"ה sont Droits [Justes], ils réjouissent le cœur » (*Tehillim* 19, 9).

דָּחִיל מֹשֶׁה כַּד חָאבוּ יִשְׂרָאֵל וְנָחִית מִן טוּרָא, דִּכְתִיב כִּי יָגֹרְתִּי מִפְּנֵי הָאַף וְהַחֵמָה (דברים ט יט).

II זהר רסד ע״ב

Plus doux que le miel

Ce sont ces deux Esprits que *Moshé* craignait et dont il avait peur lorsque les *Bnei Israël* fautèrent avec le Veau [d'or], et quand il descendit du Mont [Sinaï], comme il est écrit : « Car j'étais effrayé de cette אַף 'Colère' et de ce חֵמָה 'Courroux' » (*Devarim* 19, 9).

II Zohar 264b

Les Mal'akhim qui cherchent à nuire

« ... De là viennent tous ces Malfaisants qui rôdent dans le monde : ils sont chargés d'appliquer [contre les hommes] la Rigueur du Jugement à la vue de tous, à cause des agissements commis en secret, dans l'obscurité. Et [tout le temps] ils rôdent dans le monde pour exécuter en public la Rigueur du Jugement. Pour cette raison, ils se tiennent tous face aux hommes, afin d'être toujours prêts à faire payer les fautes volontaires et celles qui sont dissimulées dont nous avons parlé. Et ceux qui [parmi ces *Mal'akhim*] sont appelés אַף *Af* 'Colère' et חֵמָה *Hema* 'Courroux' se mêlent à eux [aux hommes] et ils exécutent la Rigueur du Jugement. Cela se produit dans le monde contre ceux qui fautent et dont nous avons parlé.

II Zohar 243b

Là où il y a une joie profane, il y aura un tremblement

Par ce Midrach, l'homme est mis en garde : il doit faire très attention à ne pas se réjouir à l'excès lors de circonstances profanes, afin de ne pas être tenté de transgresser des interdits.

Le Zohar

וְגִילוּ בִּרְעָדָה, דְּאָסִיר לֵיהּ לְבַר נָשׁ לְמֶחְדֵּי יַתִּיר בְּעָלְמָא דֵין, הַאי בְּמִלֵּי דְעָלְמָא, אֲבָל בְּמִלֵּי דְאוֹרַיְיתָא וּבְפִקוּדֵי דְאוֹרַיְיתָא בָּעֵי לְמֶחְדֵּי, לְבָתַר יִשְׁתַּכַּח בַּר נָשׁ דְּיַעֲבִיד בְּחֶדְוָותָא פִּקוּדֵי אוֹרַיְיתָא, דִּכְתִיב עִבְדוּ אֶת יהו״ה בְּשִׂמְחָה. III זהר נו ע״א

Plus doux que le miel

Ce qui est écrit : « ... et réjouissez-vous avec רְעָדָה 'tremblement' [avec crainte] » (*Tehillim* 2, 11) vient enseigner que **dans ce monde il est interdit à l'homme de se réjouir à l'excès. Cela** [ne] **concerne** [que] **les futilités de ce monde,** car là où il y a une joie profane, il y aura רְעָדָה « un tremblement », afin de ne pas laisser au mauvais penchant la possibilité de l'entraîner [cet homme] à transgresser, par malheur, un interdit, **mais en ce qui concerne la** *Tora* **et ses** *Mitsvot,* **l'homme doit se réjouir,** car sa volonté de se réjouir est agréée devant הקב״ה, et toutes les mises en garde ont été dites [dans la *Tora*] parce que « tu n'auras pas servi יהו״ה, ton אלהי״ם, avec Joie et de tout ton cœur » (*Devarim* 28, 47). C'est pourquoi : **dès que** l'homme aura pris conscience qu'il faut servir ה' avec crainte, **il s'ensuivra qu'il accomplira avec Joie les** *Mitsvot* **de la** *Tora***,** comme il est écrit : « Servez יהו״ה avec Joie... ». III Zohar 56a

La Joie est indispensable pour entrer dans le Sanctuaire

Il sera expliqué dans ce Midrach que seule la Joie permet de servir 'ה en vérité.

Le Zohar

סֹלּוּ לָרֹכֵב בָּעֲרָבוֹת, לְהַהוּא דְרוֹכֵב בָּעֲרָבוֹת, וּמַאן אִיהוּ הַהוּא רָקִיעַ טָמִיר וְגָנִיז דְּקָיְימָא עַל גַּבֵּי חֵיוָתָא, דְּאִיהוּ רֹכֵב בָּעֲרָבוֹת.

Plus doux que le miel

« Exaltez [Celui Qui] chevauche בָּעֲרָבוֹת 'les Hauteurs Célestes'... dont le Nom est יָ״הּ et réjouissez-vous devant Lui » (*Tehillim* 68, 5). Cela signifie qu'il faut glorifier « **Celui Qui chevauche les Hauteurs Célestes** ». Il, [*Rabbi Yossé*] demande : « **Qui est-Il** » [Celui Qui chevauche...] ? Et il répond : « **C'est** רָקִיעַ *Rakiya'* 'l'Étendue' qui est dissimulée et cachée, et qui se tient au-dessus des חַיּוֹת הַקֹּדֶשׁ *Ḥayot HaKodech* « Bêtes du Sanctuaire » [*Yeḥezkel* 1, 23] ; il s'agit de *Bina*, car « **Il chevauche au-dessus des** עֲרָבוֹת *'Aravot'* », qui correspondent à *Tif'eret* [située en-dessous de *Bina*].

Les sept רְקִיעִים « Cieux Spirituels »

Dans le Traité *Ḥaguigua* 12b, *Rech Lakich* dit : « Il y a sept [Cieux], et ce sont : וִילוֹן *Vilone*, רָקִיעַ *Rakiya'*, שְׁחָקִים *Cheḥakim*, זְבוּל *Zevoul*, מָעוֹן *Ma'one*, מָכוֹן *Makhone* et עֲרָבוֹת *'Aravot*. Chaque Degré correspond à l'une des sept *Sefirot* de *Ze'er Anpine* : *Rakiya'* correspond à *Bina*, et *'Aravot* à *Tif'eret*, qui est la Racine spirituelle de la *Tora* et d'Israël.

וְעֻלְזוּ לְפָנָיו, מִלְּפָנָיו לָא כְּתִיב, אֶלָּא לְפָנָיו, דְּהָא לֵית מַאן דְּיִנְדַּע בֵּיהּ כְּלוּם, אֲבָל לְפָנָיו, מַאן דְּעָיֵיל לְקַמֵּיהּ דְּהַאי רְקִיעַ אִצְטְרִיךְ לְמֵיעַל בְּחֶדְוָה, וְלָא בַּעֲצִיבוּ כְּלַל, בְּגִין דְּהַאי רְקִיעָא גָּרִים, דְּתַמָּן לָא שַׁרְיָא עֲצִיבוּ וְרוּגְזָא כְּלַל, דְּהָא תַּמָּן כֹּלָּא אִיהוּ בְּחֶדְוָה.

וְעַל דָּא, כֹּהֵן גָּדוֹל דְּקָיְימָא לְקַמֵּיהּ, לָא הֲוָה עָאל לְבֵי קֻדְשָׁא בַּר בְּחֶדְוָה, וּלְאַחֲזָאָה חֶדְוָה, דְּהָא אַתְרָא גָּרִים, וְעַל דָּא כְּתִיב,

Plus doux que le miel

Et à propos de ce qui est écrit [à la fin du verset] : « ... et réjouissez-vous לְפָנָיו 'devant Lui' », il n'est pas écrit מִלְּפָנָיו 'par devant Lui', car alors cela aurait voulu dire « devant et au-dessus de *Bina* », ce qui correspond à *Ḥokhma*, mais « devant Lui », qui est le Secret de *Bina* ; **car il n'y a personne qui puisse savoir** ou atteindre **quoi que ce soit** au niveau de *Ḥokhma* [située au-dessus de *Bina*]. **Mais** [le Degré] לְפָנָיו **« devant Lui »**, qui correspond à *Bina*, [celui-là peut être atteint]. **Celui qui entre devant cette Étendue doit entrer avec** *Simḥa*, **et sans aucune tristesse de quelque façon que ce soit, car** *Bina* est le Lieu de la *Simḥa* et **cette Étendue implique** de servir יהו״ה **avec** *Simḥa*. **Et là** [dans *Bina*], **il n'y a aucune tristesse ou colère : là-bas, tout est** [rempli de] *Simḥa,* aussi est-il écrit : « ... et réjouissez-vous לְפָנָיו 'devant Lui' ».

Et c'est pourquoi le כֹּהֵן גָּדוֹל *Cohen Guadol* **« Grand Prêtre »**, qui se tient devant elle [*Bina*] dans le קֹדֶשׁ הַקֳּדָשִׁים *Kodech HaKodachim* « Saint des Saints » [le jour de *Kippour*], **n'entrait dans le** *Beit HaMikdach* **qu'avec une** *Simḥa* [pure]

עִבְדוּ אֶת יהו"ה בְּשִׂמְחָה בֹּאוּ לְפָנָיו בִּרְנָנָה (תהלים ק ב), דְּהָא אִצְטְרִיךְ דְּלָא לְאַחֲזָאָה בָּהּ עֲצִיבוּ.

II זהר קסה ע"א

Plus doux que le miel

et il devait y montrer sa *Simḥa*. À ce sujet, il est écrit : « Servez **יהו"ה** avec *Simḥa*, venez לְפָנָיו 'devant Lui' avec des chants d'allégresse » (*Tehillim* 100, 2), ce qui signifie qu'il devait venir devant *Bina* avec des chants d'allégresse, car il devait prendre garde à ne manifester aucune tristesse.

II Zohar 165a

La Simha de la Mitsva

« Ressentir la *Simḥa* [lorsque] l'on accomplit une *Mitsva* par amour pour **יהו"ה** Qui l'a ordonnée, telle est la façon suprême de Le servir. Et celui qui s'abstient volontairement de ressentir cette *Simḥa* mérite d'être puni, comme il est écrit : 'Parce que tu n'auras pas servi **יהו"ה**, ton **אלהי"ם**, avec *Simḥa* et l'allégresse de ton cœur…' (*Devarim* 28, 47). La « véritable grandeur et la perfection ne sont atteintes que si l'on se réjouit devant **יהו"ה**, comme il est écrit : 'Quand l'Arche de **יהו"ה** entra dans la Cité de *David*, *Mikhal*, la fille de *Chaoul*, regarda par la fenêtre, elle vit le roi *David* sauter et danser devant **יהו"ה**…' » (II *Chmouel* 6, 16).

Rambam

Michné Tora, Hilkhot Loulav 8, 15

Le Service Divin dans le Sanctuaire est destiné à réjouir Israël

Ce Midrach nous enseigne que tout ce qu'accomplissaient les Cohanim dans le Michkane [le Lieu où résidait la Présence] éveillait la Joie dans les Mondes d'en Haut.

Le Zohar

עַל יְדָא דְּכָהֲנָא נָהֲרִין בּוּצִינִין בְּכֹלָּא, עֵילָּא וְתַתָּא, לְמֶחֱדֵי חֵידוּ, וּלְאִשְׁתַּכְּחָא חֵידוּ בְּכָל סִטְרִין בְּאַדְלָקוּתָא דְבוּצִינִין, דְּהָא תְּרֵין אִלֵּין עַל יְדָא דְּכָהֲנָא, לְאִשְׁתַּכְּחָא חֵידוּ בְּכָל סִטְרִין,

Plus doux que le miel

Grâce au *Cohen*, l'homme de *Ḥessed* [de l'amour et de la bonté], **les lampes** [de la מְנֹרָה *Menora* « Candélabre »] **illuminaient partout, en Haut** dans les sept *Sefirot* [inférieures de] *Tif'eret* **et en bas** sur la *Menora* elle-même, qui est le [sens] Secret de la *Sefira Malkhout* appelée בַּת־שֶׁבַע *Bat-Cheva'* « Fille des Sept [*Sefirot*] » [des sept *Sefirot* inférieures], et ces sept Lampes [inférieures de *Tif'eret*] illuminaient les sept *Sefirot* [inférieures] de *Malkhout*. [Cet allumage des lampes par le *Cohen* avait pour but de] לְמֶחֱדֵי « réjouir » Israël avec la חֵידוּ « Joie » de *Bina* [où la Joie réside en permanence], grâce à קְטֹרֶת *Ketoret* « l'encens », afin que se répande de tous côtés la Joie par la consumation de l'huile d'encens et l'allumage des lampes ; **car ces deux-là** [cette consumation et cet allumage étaient effectués] en même temps par le *Cohen*, **pour que la Joie se répande de tous côtés,** car ils éveillent et suscitent הַשֶּׁפַע « l'Abondance Divine

וְאִלֵּין אִינּוּן, אַדְלְקוּתָא דְּבוּצִינִין, וּקְטֹרֶת, וְהָא אוּקִימְנָא שֶׁמֶן וּקְטֹרֶת יְשַׂמַּח לֵב (משלי כז ט).

III זהר פט ע"א

Plus doux que le miel

de Bienfaits », qui apporte la Joie dans tous les Mondes ; **et ceux-là, l'allumage des lampes et** *Ketoret* **« l'encens »**, effectués ensemble [par le *Cohen*], comme il est écrit : « Sur lui [sur l'autel], *Aharon* fera brûler l'encens aromatique ; chaque matin, **il le fera brûler, en nettoyant les lampes** » (*Chemot* 30, 7). **Et nous avons déjà évoqué** cette idée au sujet de ce qui est écrit : « Huile et parfum réjouissent le cœur… » (*Michlei* 27, 9), car il n'y a pas de *Simḥa* sans l'un et l'autre.

III Zohar 89a

La *Sefira Bina* et קְטֹרֶת *Ketoret* « l'encens »

Dans le *Midrach* intitulé « La Joie est indispensable pour entrer dans le Sanctuaire », nous avons appris que « la *Sefira Bina* est le Lieu privilégié de la *Simḥa* », et qu'elle la transmet aux autres *Sefirot*. *Malkhout* est considérée comme un כְּלִי *Keli* « un Vase, un Réceptacle » qui est vide : ce *Keli* est destiné à recevoir le Flux abondant de Bienfaits et de Joie qui a été transmis aux autres *Sefirot* situées au-dessus d'elle.

Par ailleurs, comme il est mentionné ci-dessus, « l'offrande de l'encens contribue à l'augmentation de la la *Simḥa* dans les Mondes ».

L'offrande de l'encens augmente la Joie dans le monde

Dans ce Midrach, il sera expliqué combien la présentation de l'encens dans le Beit HaMikdach est d'une suprême importance, car elle contribue à augmenter la Joie dans le monde.

Le Zohar

וְעֵילָא מִכֻּלְּהוּ קְטֹרֶת, דְּאִיהוּ שְׁלִים מִכֹּלָּא, וְלָא אַתְיָא לָא עַל חֵטָא, וְלָא עַל אָשָׁם, וְלָא עַל עָוֹן, אֶלָּא עַל שִׂמְחָה, כְּמָה דְאַתְּ אָמַר שֶׁמֶן וּקְטֹרֶת יְשַׂמַּח לֵב (משלי כז, ט), וְהָא אוּקְמוּהָ.

זהר יא ע"א III

Plus doux que le miel

Et au-dessus de tout, [de toutes les offrandes présentées dans le *Beit HaMikdach*], il y a קְטֹרֶת *Ketoret* « l'encens », parce qu'elle est la plus parfaite de toutes. [Contrairement aux autres offrandes], **elle ne vient pas pour** [expier] חֵטָא **« une faute », ni pour** אָשָׁם **« un délit »** [involontaire], **ni pour** עָוֹן **« une offense »** [volontaire] ; **mais seulement pour la Joie**, c'est-à-dire : pour augmenter la *Simḥa* dans le monde, parce que [*Ketoret* apporte] un plaisir à *Bina,* qui est le Lieu [permanent] de la שִׂמְחָה « Joie », **comme il est écrit : « Huile et encens** יְשַׂמַּח **« réjouissent » le cœur »** (*Michlei* 27, 9) : cela signifie que le parfum de l'huile [qui est appelée] אֲפַרְסְמוֹן *Afarsemone* « myrrhe » et l'arôme de קְטֹרֶת « l'encens » réjouissent לֵב « le cœur » des hommes, [car *Bina* reçoit les ל"ב « 32 » Sentiers de la Sagesse]. **Ainsi les Compagnons** [les Sages, autour de *Rachbi*] **l'ont-ils déjà expliqué.** III Zohar 11a

Servir ה' avec Joie fait descendre la Joie d'en Haut sur l'homme

Ce Midrach révèle que, si l'on accomplit les Mitsvot avec Joie et Kavana, cela contribue à éveiller la Chekhina et à augmenter Sa Joie.

Le Zohar

עִבְדוּ אֶת יהו"ה בְּשִׂמְחָה, חֶדְוָה דְּבַר נָשׁ מָשִׁיךְ לְגַבֵּיהּ חֶדְוָה אַחֲרָא עִלָּאָה, הָכִי נָמֵי הַאי עָלְמָא תַּתָּאָה, כְּגַוְונָא דְּאִיהִי אִתְעֲרַת, הָכִי אַמְשִׁיךְ מִלְּעֵילָּא.

II זהר קפד ע"ב

Plus doux que le miel

« Servez **יהו"ה** avec **שִׂמְחָה** Joie » (*Tehillim* 100, 2). Explication : si l'homme sert **ה'** avec *Simḥa*, alors **la Joie de cet homme attire sur lui** [en retour] **un supplément de Joie qui émane de la *Chekhina*.** [Il en est] de même [en ce qui concerne la *Sefira*] *Malkhout* [appelée « *Chekhina* »] : tout comme elle s'éveille grâce aux *Bnei Israël* [qui accomplissent la *Tora* et les *Mitsvot* avec *Kavana*] et qui la réjouissent, de même elle prodigue la Joie et une Abondance de Bienfaits qui émanent d'en Haut, de la *Sefira Bina*.

II Zohar 184b

La tristesse n'atteint pas celui qui se consacre à la Tora

Il sera expliqué dans ce Midrach qu'il n'y a pas de plus grande Joie que celle que l'on ressent lorsque l'on s'attache à ה', loué soit-Il. Grâce à l'étude de la Tora et au mérite de ses ancêtres, on peut dominer la force de la tristesse.

Le Zohar

חֲזֵינָא בְּסִפְרָא דִּשְׁלֹמֹה מַלְכָּא, דְּאִית בְּנֵי נָשָׁא דְּאִתְיְילִידוּ כַּד שָׁלְטָא עֲנָפָא דָא, וְאִינּוּן עֲצִיבִין תָּדִיר, דְּלָא חַדְיָאן לְעָלְמִין, בַּר אִי לָעָאן בְּאוֹרַיְיתָא, וְקָא אִתְאַחֲדָאן בְּקֻדְשָׁא בְּרִיךְ הוּא, וְעִם כָּל דָּא, אִי אִית בֵּיהּ בְּהַהוּא בַּר נָשׁ יְסוֹדִין וְשָׁרְשִׁין מִזָּכוּ אֲבָהָן, עֲנָפָא דָא דְּנָפִיק מִשַּׁבְתָּאי, לְזִמְנִין נָצַח לֵיהּ, וְאָחִיד לֵיהּ.

זהר חדש נא ע״א

Plus doux que le miel

J'ai vu dans le livre [disparu] du roi *Chlomo* qu'il y a des hommes qui sont nés sous l'influence de la planète שַׁבְתָּאי « Saturne ». **Et ceux-ci sont toujours tristes,** ils n'éprouvent jamais de Joie ; **sauf lorsqu'ils étudient la *Tora*,** dont il est dit : « Les Préceptes de יהו״ה sont Droits, ils réjouissent le cœur » (*Tehillim* 19, 9). [Grâce à cette étude], **ils s'attachent et s'unissent à הקב״ה,** et alors ils se réjouissent car il n'est pas de *Simḥa* aussi grande que celle de l'attachement à הקב״ה. Si cet homme a des racines [spirituelles] venant de ses ancêtres, même s'il est né sous l'influence qui émane de Saturne, il réussira par moments à la vaincre et à ne pas être triste.

Zohar Ḥadach 51a

Étudier le Secret de la Tora, réjouit le cœur de l'homme

Dans ce Midrach, il sera expliqué que l'étude de la partie secrète de la Tora est très importante, car elle a le pouvoir d'apporter à l'homme la Joie.

Le Zohar

וְיַיִן יְשַׂמַּח לְבַב אֱנוֹשׁ (תהילים קד טו), דָּא יֵינָא דְאוֹרַיְיתָא, דְּהָכִי סָלִיק יַיִן כְּחוּשְׁבַּן סוֹ״ד, וּמַה יַּיִ״ן צָרִיךְ לְמֶהֱוֵי סָתִים וְחָתִים דְּלָא יִתְנְסַךְ לַעֲבוֹדָה זָרָה, אוּף הָכִי צָרִיךְ לְמֶהֱוֵי

Plus doux que le miel

« Et le vin réjouit le cœur de אֱנוֹשׁ 'l'homme' » (*Tehillim* 104, 15) ; אֱנוֹשׁ, c'est מט״ט [l'Envoyé Céleste dont le nom ne doit pas être prononcé et dont la mission est d'intervenir en faveur d'Israël] ; et le יַיִן « vin », c'est le יֵינָא « Vin » de la Tora, c'est-à-dire les Secrets de la *Tora* qui procurent à l'homme la *Simḥa*. Car la seule finalité de la vie d'un homme est d'étudier la *Tora* et d'approfondir ses Secrets, **comme il est écrit** [au nom de la Sagesse, qui est appelée *Tora*] : « **Venez, mangez de mon Pain…** », ce qui est une allusion au Pain de la *Tora*, c'est-à-dire à son aspect qui est révélé [apparent], « … **et buvez le** יַיִן **'Vin' que j'ai mêlé** » (*Michlei* 9, 5), ce qui est une allusion au Vin de la *Tora*, c'est-à-dire à ses Secrets [à son intériorité] ; **car** [le mot] יַיִן « vin » a la même valeur numérique [70] que [le mot] סוֹד « Secret ». Et comme le יַיִן « vin » doit être gardé et bien scellé, afin qu'un non-Juif ne puisse le verser [sous forme de libation]

סָתִים וְחָתִים סוֹד דְּאוֹרַיְיתָא, וְכָל רָזִין דִּילָהּ, וְלָא אִשְׁתַּקְיָין אֶלָּא לִירֵאָיו.

III זהר רט"ז ע"ב

Plus doux que le miel

en l'honneur d'un culte idolâtre, de même le **סוֹד** « Secret » de la *Tora* en général et toutes ses **רָזִין** « allusions » en particulier doivent être gardés et bien scellés, et il faut faire très attention à ne pas les transmettre à quelqu'un qui n'en est pas digne, car le Vin de la *Tora* ne peut être bu que par ceux qui Le craignent, comme il est écrit : « Le Secret de **יהו"ה** est pour ceux qui Le craignent » (*Tehillim* 25, 14).

III Zohar 216b

L'aspect révélé de la Tora, et celui qui est dissimulé

Rabbi Chim'on a dit : « Malheur à ces **רְשָׁעִים** *Recha'im* « coupables » [de rejeter les *Mitsvot*], qui disent que la *Tora* n'a été donnée que pour raconter de simples histoires et des anecdotes profanes ! Ils regardent **לְבוּשׁ** le *Levouch* « Vêtement » [qui recouvre et dissimule], mais [ils ne cherchent] pas au-delà. [Par contre,] dignes de louanges sont les *Tsaddikim* qui regardent [et méditent sur] la *Tora* comme il convient. Le bon vin ne se trouve que dans la cruche. De même, la *Tora* ne se trouve [nulle part ailleurs] que sous ce *Levouch*. Il ne faut donc regarder que ce qui est sous le *Levouch*. C'est la raison pour laquelle toutes ces paroles et ces histoires [ne] sont [que] des *Levouchim* « Vêtements ».

III Zohar 152a

Seul celui qui étudie la Tora procure de la Joie à הקב"ה

Ce Midrach nous enseigne que la Tora, qui est « l'Enseignement » par excellence, est aussi appelée Moussar « discipline, leçon ». Et devant celui qui s'efforce de l'approfondir comme il convient s'ouvriront les Portes du Monde à venir.

Le Zohar

וַיְדַבֵּר יהו"ה אֶל מֹשֶׁה לֵּאמֹר, פִּינְחָס בֶּן אֶלְעָזָר וְגוֹ' (במדבר כה י-יא), רַבִּי אֶלְעָזָר פָּתַח וְאָמַר, שְׁמַע בְּנִי מוּסַר אָבִיךָ וְאַל תִּטֹּשׁ תּוֹרַת אִמֶּךָ (משלי א ח), שְׁמַע בְּנִי מוּסַר אָבִיךָ, דָּא קֻדְשָׁא בְּרִיךְ הוּא, וְאַל תִּטֹּשׁ תּוֹרַת אִמֶּךָ, דָּא כְּנֶסֶת יִשְׂרָאֵל, מַאי מוּסָר

Plus doux que le miel

« יהו"ה parla ainsi à *Moshé* en ces termes : '*Pinḥas*, fils *d'El'azar*... a détourné Ma Colère de dessus les *Bnei Israël*...' (*BeMidbar* 25, 10-11) ». Pour expliquer ce verset, *Rabbi El'azar* commença et dit : « Écoute, mon fils, מוּסַר *Moussar* 'la Leçon' de ton Père, et ne délaisse pas תּוֹרַת *Torat* 'l'Enseignement' de ta Mère » (*Michlei* 1, 8). Ce qui est écrit : « Écoute, mon fils, la Leçon de ton Père », ton Père, c'est הקב"ה, c'est-à-dire *Ze'er Anpine* ; « et ne délaisse pas תּוֹרַת 'l'Enseignement' de ta Mère », c'est *Knesset Israël*, qui est la *Chekhina*. Ils sont appelés « Père » et « Mère » des *Nechamot* d'Israël, car toutes les *Nechamot* « sortent » de יחוד « l'Union » entre הקב"ה [*Ze'er Anpine*] et Sa *Chekhina* [appelée *Noukba*]. Et il pose la question : « Pourquoi [est-il écrit] 'מוּסַר *Moussar* la Leçon de ton Père', et non

אָבִיךָ, מוּסָר, דָּא אוֹרַיְיתָא, דְּאִית בָּהּ כַּמָּה תּוֹכָחִין, כַּמָּה עוֹנָשִׁין, כְּמָה דְּאַתְּ אָמַר, מוּסַר יהו"ה בְּנִי אַל תִּמְאָס וְאַל תָּקוֹץ בְּתוֹכַחְתּוֹ (משלי ג יא).

בְּגִין דְּכָל מַאן דְּאִשְׁתַּדַּל בְּאוֹרַיְיתָא בְּהַאי עָלְמָא, זָכֵי דְיִפְתְּחוּן

Plus doux que le miel

'תּוֹרַת la *Tora*, l'Enseignement, de ton Père', de la même manière qu'il est écrit 'תּוֹרַת la *Tora* de ta Mère', parce qu'il y a deux תּוֹרוֹת *Torot* : la *Tora* écrite qui émane de *Ze'er Anpine*, et la *Tora* orale qui émane de *Malkhout* ? Et il répond : « מוּסָר 'Leçon', c'est la *Tora*, qui est appelée ainsi parce qu'elle contient plusieurs remontrances qui מְיַסְּרוֹת 'mettent en garde' l'homme, afin qu'il ne faute pas devant son Créateur et qu'il garde Ses *Mitsvot* ; et ainsi, il aura le mérite [d'accéder à] de nombreux Degrés spirituels que l'on peut atteindre quand on accomplit la *Tora*. [Dans la *Tora*, il y a] **plusieurs châtiments, comme il est dit** : « Mon fils, ne méprise pas מוּסַר 'la Leçon' de יהו"ה, et ne méprise pas Sa Remontrance » (*Michlei* 3, 11) : s'il t'arrive des malheurs infligés par ה', ne les méprise pas, mais accepte-les avec amour, car tout cela provient de l'Amour de ה' pour Son Peuple, comme il est ensuite écrit : « Car celui qu'Il aime, ה' le châtie… » (*Michlei* 3, 12), afin qu'il prenne conscience et qu'il rectifie son comportement… « … comme un père qui aime son fils » [fin du verset] : et qui, en le frappant, désire qu'il améliore sa façon d'agir. Mais il ne veut pas se venger ; et après l'avoir frappé, il le consolera. De même, après qu'Il t'aura frappé tu apprécieras Ses Bienfaits. **Car chaque homme qui s'efforce en ce monde d'approfondir la *Tora***

לֵיהּ כַּמָּה תַּרְעִין לְהַהוּא עָלְמָא, כַּמָּה נְהוֹרִין, בְּשַׁעֲתָא דְּיִנְפּוֹק מֵהַאי עָלְמָא, הִיא אַקְדִּימַת קַמֵּיהּ, וְאָזְלָא לְכָל נְטוּרֵי תַּרְעִין, מַכְרֶזֶת וְאוֹמֶרֶת, פִּתְחוּ שְׁעָרִים וְיָבֹא גּוֹי צַדִּיק (ישעיהו כו ב). אַתְקִינוּ כֻּרְסְיָין לִפְלַנְיָא עַבְדָּא דְּמַלְכָּא, דְּלֵית חֲדוּ לְקֻדְשָׁא בְּרִיךְ הוּא אֶלָּא מַאן דְּאִשְׁתַּדַּל בְּאוֹרַיְיתָא.

כָּל שֶׁכֵּן בַּר נָשׁ דְּמִתְעַר בְּלֵילְיָא לְאִשְׁתַּדְּלָא בְּאוֹרַיְיתָא,

Plus doux que le miel

aura le mérite [de voir] s'ouvrir devant lui plusieurs Portes dans le Monde Suprême, celui qui vient, dans le *Gan 'Eden* [spirituel : lors de la Révélation de יהו״ה], et plusieurs Lumières brilleront sur lui là-bas. Et aussi, lorsqu'il sortira de ce monde, la *Tora* le précèdera et elle ira vers tous les Gardiens [spirituels] des Portes : elle dira aux Gardiens et proclamera : « Ouvrez les Portes du *Gan 'Eden* et que vienne à l'intérieur un Peuple *Tsaddik»* (*Yecha'yahou* 26, 2). Et là-bas, préparez des sièges pour Untel, serviteur du Roi, loué soit-Il. הקב״ה n'a d'autre Joie que [celle de voir] un homme s'efforcer [d'approfondir] la *Tora*, car il contribue à l'Union entre הקב״ה [*Ze'er Anpine*] et Sa *Chekhina* [*Malkhout*]. Et ainsi, ils reçoivent les מֹחִין [les trois premières *Sefirot* : Ḥokhma, Bina et Da'at, qui symbolisent la Révélation claire et nette de la Présence Divine].

Et à plus forte raison, celui qui se réveille la nuit pour étudier la *Tora* [procure de la Joie à הקב״ה], car à minuit c'est le moment de l'Union en Haut, entre *Ya'akov* et *Léa* ; et les *Tsaddikim* font, à tour de rôle, monter [par leur étude] מַיִין נוּקְבִין *Mayines Noukvines* « des Eaux Féminines »

La Joie

דְּהָא כָּל צַדִּיקַיָּיא דִּבְגִנְתָּא דְעֵדֶן צַיְיתִין לְקָלֵיהּ, וְקֻדְשָׁא בְּרִיךְ הוּא מִשְׁתְּכַח בֵּינַיְיהוּ, כְּמָה דְאוֹקְמוּהּ, הַיּוֹשֶׁבֶת בַּגַּנִּים חֲבֵרִים מַקְשִׁיבִים לְקוֹלֵךְ הַשְׁמִיעִינִי (שיר השירים ח יג).

III זהר ריג ע״א

Plus doux que le miel

[des prières pour faire descendre les **מֹחִין**] et favoriser cette Union, car tous les *Tsaddikim* qui sont au *Gan 'Eden* écoutent alors sa voix, et **הקב״ה**, qui est la *Chekhina*, se trouve parmi eux, et Elle aussi [la *Chekhina*] écoute la voix de Sa *Tora*, comme l'ont expliqué les Compagnons : « O Toi, Qui Te tiens dans les Jardins, c'est la *Chekhina* qui est au *Gan 'Eden*, **חֲבֵרִים** 'les Compagnons' écoutent, ce sont les *Tsaddikim* qui sont au *Gan 'Eden* qui sont appelés **חֲבֵרִים** 'Compagnons' : tous écoutent la Voix de la *Tora* que l'on étudie la nuit, et chacun dit à celui qui étudie : 'Fais-moi entendre ta Voix, celle de ta *Tora*' »
(*Chir HaChirim* 8, 13).

Rabbi Moshé Cordovero et autres commentateurs

III Zohar 213a

Celui qui suit les Voies de ה׳ est rempli de Joie

Ce Midrach répond à la question : quel est celui qui acquiert le mérite d'accéder à la sérénité de l'Âme et à vivre d'un cœur joyeux ?

Le Zohar

רַבִּי חִיָּיא קָם לֵילְיָא חַד לְמִלְעֵי בְּאוֹרַיְיתָא, וַהֲוָה עִמֵּיהּ רַבִּי יוֹסֵי זוּטָא דַּהֲוָה רַבְיָא, פָּתַח רַבִּי חִיָּיא וְאָמַר, לֵךְ אֱכֹל בְּשִׂמְחָה לַחְמֶךָ וּשְׁתֵה בְלֶב טוֹב יֵינֶךָ כִּי כְבָר רָצָה הָאֱלֹהִי״ם אֶת מַעֲשֶׂיךָ (קהלת ט ז), מַאי קָא חָמָא שְׁלֹמֹה דְּאָמַר הַאי קְרָא.

אֶלָּא שְׁלֹמֹה כָּל מִלּוֹי בְּחָכְמָה הֲווֹ, וְהַאי דְּאָמַר לֵךְ אֱכֹל בְּשִׂמְחָה

Plus doux que le miel

Rabbi Ḥiya se leva une nuit pour étudier la *Tora*, et avec lui il y avait le petit *Rabbi Yossé*, qui était encore un enfant [il se considérait comme un enfant par rapport aux autres Compagnons]. *Rabbi Ḥiya* commença à expliquer ce qui est écrit : « Va ! Mange ton pain dans l'allégresse, et bois ton vin d'un cœur joyeux, car tes actions ont depuis longtemps été agréées par **אלהי״ם** » (*Kohelet* 9, 7). Et il demanda : « Qu'est-ce que [le roi] *Chlomo* [auquel le livre de *Kohelet* est attribué] **a vu quand il a dit ce verset,** [qui conseille de] manger son pain dans l'allégresse et de boire son vin d'un cœur joyeux ? ». Et *Rabbi Ḥiya* répondit : « Si tu examines bien les paroles de *Chlomo*, tu verras que **toutes ses paroles étaient** dites **avec Sagesse.** Et à propos de ce qu'il a dit : « Va ! Mange ton pain dans l'allégresse... »,

לַחְמֶךָ, בְּשַׁעְתָּא דְּבַר נָשׁ אָזִיל בְּאָרְחוֹי דְּקֻדְשָׁא בְּרִיךְ הוּא, קֻדְשָׁא בְּרִיךְ הוּא מְקָרֵב לֵיהּ לְגַבֵּיהּ, וְיָהִיב לֵיהּ שַׁלְוָה וְנַיְיחָא, כְּדֵין נַהֲמָא וְחַמְרָא דְּאָכִיל וְשָׁתֵי בְּחֶדְוָה דְּלִבָּא, בְּגִין דְּקֻדְשָׁא בְּרִיךְ הוּא אִתְרְעֵי בְּעוֹבָדוֹי.

II זהר כט ע"א

Plus doux que le miel

son intention était [la suivante] : **lorsqu'un homme va [comme il est écrit au début du verset : Va !] dans les Voies de ה"הקב, הקב"ה le rapproche de Lui, et Il lui donne la paix et la tranquillité. Et alors,** [il profite] d'un cœur joyeux du pain qu'il mange et du vin qu'il boit, parce que הקב"ה agrée ce qu'il fait : [et alors], il est certain que rien ne viendra l'empêcher de servir son Créateur, même s'il se réjouit de pain et de vin [qui sont des plaisirs de ce monde].

II Zohar 29a

« Les Voies de ה' »

« **Car les Voies de ה' sont droites ;** les צַדִּיקִים Tsaddikim « Justes » y marcheront... » (*Hoche'a* 14, 10) : car chaque homme qui se consacre à la *Tora* connaît les Voies de ה' ; il les suit et il ne dévie ni à droite ni à gauche ; « ... et ceux qui fautent y trébucheront » (fin du verset) : et les חַיָּיבִין « coupables », qui ne font pas d'efforts pour étudier la *Tora*, qui ne réfléchissent pas aux Voies de הקב"ה et qui ne savent pas où aller..., eux trébuchent sur les voies en ce monde et sur celles dans le Monde qui vient.

III Zohar 175b

Dire le Chema' avec Kavana
éveille en Haut la Joie

Ce Midrach montre combien sont précieuses la vertu et la valeur de celui qui récite le Chema' avec כַּוָּנָה *Kavana [l'orientation du cœur et la concentration d'esprit], car il aura ainsi le mérite de recevoir la Joie d'en Haut.*

Le Zohar

אַשְׁכַּחְנָא בְּסִפְרָא דְּרַב הַמְנוּנָא סָבָא, כָּל מַאן דִּמְיַיחֵד יְחוּדָא דָא בְּכָל יוֹמָא, חֶדְוָה זְמִינָא לֵיהּ מִלְעֵילָא, מָרָזָא דְּאַתְוָון אִלֵּין, ש״מ מֵהַאי סִטְרָא, א״ח, מֵהַאי סִטְרָא, וּמְצָרֵף אַתְוָון, לְמַפְרֵעַ (שָׁדֵי) שָׁרֵי, וּבְמֵישָׁר (חַיִּים) סַיֵּים, וְסִימָן אֶשְׂמַח, דִּכְתִיב אָנֹכִי אֶשְׂמַח

Plus doux que le miel

[*Rabbi Chim'on* dit] : « J'ai trouvé dans le livre de *Rav Hamnouna* l'ancien : 'à celui qui מְיַחֵד chaque jour 'réalise l'Unité de' cette יְחוּד 'Union' [qui lit le *Chema'*, la proclamation de l'Unicité de ה׳, avec la *Kavana* qui convient], la חֶדְוָה 'Joie' lui est accordée en Haut. Ceci est dû au **Secret de ces lettres** [celles du *Chema'*] : ש״מ [du mot שְׁמַע] de ce côté [à droite du verset], א״ח [du mot אֶחָד] de l'autre côté [à gauche]. **On combine ces lettres** [entre elles] **à l'envers**, c'est-à-dire le א׳ de אֶחָד qui est à la fin du verset, puis le ש׳ de שְׁמַע qui est au début du verset, **et on termine dans l'ordre**, les deux lettres מ״ח se présentent dans l'ordre, c'est-à-dire d'abord le מ׳ de שְׁמַע qui est au début du verset et ensuite la lettre ח׳ de אֶחָד. [Il s'ensuit que, réunies ensemble, ces lettres] **forment** [le mot] אֶשְׂמַ״ח 'je me réjouirai', **comme**

בִּיהוָ"ה (תהילים קד לד) מַמָּשׁ, דָּא יְחוּדָא קַדִּישָׁא, וְשַׁפִּיר אִיהוּ, וְהָכִי הוּא בְּסִפְרָא דַּחֲנוֹךְ, דְּאָמַר כִּי הַאי גַּוְונָא, דְּמַאן דְּמְיַיחֵד יְחוּדָא דָּא בְּכָל יוֹמָא, חֶדְוָה זְמִינָא לֵיהּ מִלְעֵילָּא.

III זהר רלו ע"ב

Plus doux que le miel

il est écrit, c'est-à-dire que cet homme aura le mérite de [pouvoir vivre] ce qui est écrit : « Moi, je me réjouirai en יהוָ"ה» (*Tehillim* 104, 34), c'est-à-dire en ה', littéralement. C'est une Union Sainte, qui est magnifique et merveilleuse. Et c'est [aussi] ce qui est écrit dans le Livre de Ḥanokh, car il a dit de façon semblable : « Celui qui chaque jour réalise cette Union', la חֶדְוָה 'Joie' lui est réservée là-Haut ».

III Zohar 236b

Rav Hamnouna l'ancien

Ce Sage appartient à la génération qui a vécu à l'époque de la fin du second *Beit HaMikdach*. Son nom apparaît de nombreuses fois dans le Livre du *Zohar*, où il est considéré comme l'un des Sages les plus compétents dans le domaine des Secrets de la *Tora*.

Le livre de *Rav Hamnouna* l'ancien a disparu au cours des siècles. Selon le *Zohar (II 216b)*, les Secrets qui s'y trouvaient émanaient du prophète אֵלִיָּהוּ *Eliyahou* « Élie » : puis, ils furent transmis de Maître en Maître jusqu'à ce que *Rav Hamnouna* les reçoive de son père.

La prière n'est agréée que si elle est dite avec Joie

Il est rappelé dans ce Midrach que pour servir le Créateur de tout son cœur, il faut que la Tefilla soit dite avec Joie. Sinon, elle serait par malheur considérée comme un corps sans Âme.

Le Zohar

פָּתַח רַבִּי יְהוּדָה וְאָמַר, עִבְדוּ אֶת יהו"ה בְּשִׂמְחָה וְגוֹ' (תהילים ק ב), עִבְדוּ אֶת יהו"ה בְּשִׂמְחָה, הָכִי אוֹלִיפְנָא, דְּכָל פּוּלְחָנָא דְּבָעֵי בַּר נָשׁ לְמִפְלַח לְקֻדְשָׁא בְּרִיךְ הוּא, בָּעֵי בְּחֶדְוָותָא בִּרְעוּתָא דְלִבָּא, בְּגִין דְּיִשְׁתְּכַח פּוּלְחָנֵיהּ בִּשְׁלִימוּ.

וְאִי תֵימָא פּוּלְחָנָא דְקָרְבָּנָא הָכִי הוּא, לָא אֶפְשָׁר, דְּהָא

Plus doux que le miel

Rabbi Yehouda commença à expliquer ce qui est écrit : « 'Servez יהו"ה avec שִׂמְחָה *Simḥa* 'Joie', venez devant Lui avec des chants d'allégresse' » (*Tehillim* 100, 2). Et il explique : « Servez יהו"ה avec 'Joie' » ; ainsi avons-nous appris [le sens de ce verset] : chaque תְּפִלָה *Tefilla* « prière » qu'un homme est tenu de faire devant הקב"ה doit être dite avec Joie et un cœur sincère (*Ta'anit* 2a). Ainsi, sa façon de servir sera complète [et agréée], c'est-à-dire que sa prière viendra du plus profond de son cœur ; son Âme et son corps seront unis. Mais si sa prière n'est pas dite avec Joie, ce sera une prière sans *Kavana* [sans que son cœur soit associé à cette *Mitsva*], comme un corps sans Âme.

Et si tu dis qu'il en est de même pour la présentation

הַהוּא בַּר נָשׁ דְּעָבַר עַל פְּקוּדָא דְּמָארֵיהּ, עַל פְּקוּדָא דְּאוֹרַיְיתָא, וְתָב לְקַמֵּי דְּמָארֵיהּ, בְּמַאן אַנְפִּין יְקוּם קַמֵּיהּ, הָא וַדַּאי בְּרוּחַ תְּבִירָא, בְּרוּחַ עֲצִיב, אָן הוּא שִׂמְחָה אָן הוּא רְנָנָה.

אֶלָּא תַּמָּן תְּנִינָן, הַהוּא בַּר נָשׁ דְּחָטֵי קַמֵּי מָארֵיהּ, וְעָבַר עַל פְּקוּדוֹי, וְאָתֵי לְקָרְבָּא קָרְבָּנָא, וּלְתַקָּנָא גַּרְמֵיהּ, בְּרוּחַ תְּבִירָא, בְּרוּחַ עֲצִיבָא בָּעֵי לְאִשְׁתַּכְּחָא, וְאִי בָּכֵי, שַׁפִּיר מִכֹּלָּא,

Plus doux que le miel

חֶטְאוֹ d'un **קָרְבָּן** *Korbane* appelé **חַטָּאת** « expiatoire » pour « sa faute » : cette *Mitsva* devait aussi être accomplie avec *Simḥa* [explication : puisque la prière doit être dite avec Joie, les *Korbanot* devaient aussi être offerts avec Joie] ! Et il répond : « Ce n'est pas possible », on ne peut pas apporter avec Joie un expiatoire pour une faute, **car celui qui a transgressé une *Mitsva* de son Maître,** c'est-à-dire une *Mitsva* de la *Tora*, **et qui** [maintenant] **se repent devant son Maître, avec quel visage** [dans quel état d'esprit] **se tiendra-t-il devant Lui ? Bien sûr, ce sera avec un esprit** [un cœur] **brisé, un esprit attristé** car, pour que son repentir soit accepté, il faut que cet homme soit contrit et rempli de regrets à cause de ce qu'il a fait ; et donc, **où est la *Simḥa*, où est le chant d'allégresse,** qu'il doit avoir au moment d'offrir son *Korbane* ?

De plus, nous avons appris là-bas, dans la *Baraïta* : cet homme qui a fauté devant son Maître, qui a transgressé Ses *Mitsvot*, qui vient pour présenter son *Korbane* à cause de ses fautes et pour se corriger, [enlever] les taches par lesquelles il s'est souillé à cause de ses fautes, **celui-ci doit avoir un cœur brisé et un esprit attristé ; et s'il pleure, c'est**

הָא שִׂמְחָה הָא רְנָנָה לָא אִשְׁתְּכַח.

אֶלָּא בְּמַאי אִתְתַּקָּן, בְּהַנְהוּ כַּהֲנֵי וְלֵיוָאֵי, דְּהָא אִינּוּן אַשְׁלִימוּ שִׂמְחָה וּרְנָנָה בְּגִינֵיהּ.

שִׂמְחָה בְּכַהֲנָא אִתְקַיָּים, בְּגִין דְּהוּא רְחִיקָא מִן דִּינָא תָּדִיר, וְכַהֲנָא בָּעֵי לְאִשְׁתַּכְחָא תָּדִיר בְּאַנְפִּין נְהִירִין, חַדָּאן יַתִּיר מִכָּל עַמָּא, דְּהָא כִּתְרָא דִּילֵיהּ גָּרִים.

Plus doux que le miel

encore mieux que tout. Il s'ensuit que ni la *Simḥa* ni le chant d'allégresse ne se trouvent en lui.

Mais comment [de quelle manière, et grâce à qui] **adviendront la *Simḥa* et le chant** qui sont nécessaires au cours de la présentation d'un *Korbane* ? Et il répond : « [Cela se fera] **grâce aux** כֹּהֲנִים *Cohanim* « prêtres » **et aux** לְוִיִּם *Leviyim* « Lévites », car ils apportent la *Simḥa* et le chant en son nom [au nom de celui qui offre le *Korbane*].

Et il explique [comment la *Simḥa* et le chant adviendront] : **la *Simḥa* sera présente grâce au *Cohen*, car il est toujours éloigné du** דִּין *Dine* « **Jugement** » [de la *Sefira* **Guevoura** qui se manifeste par la Rigueur], car sa Racine se trouve dans l'Attribut de *Ḥessed* « Bonté » (III Zohar 145b), si bien que même l'abattage d'un *Korbane* est effectué par un tiers qui n'est pas *Cohen*. **Et un *Cohen* doit toujours avoir un visage rayonnant et joyeux, encore plus que les autres** [membres] **du Peuple, car sa Couronne**, qui est l'Attribut de *Ḥessed* où se trouve sa Racine, **implique** qu'il soit joyeux, étant donné que *Ḥessed* reçoit toujours l'Attribut de *Simḥa* de *Bina* [située au-dessus de *Ḥessed*].

רְנָנָה בְּלִיוָּאֵי, וְהָכִי הוּא, דְּהָא לֵיוָאֵי מִשְׁתַּכְּחֵי עַל שִׁיר לְעָלְמִין, כְּמָה דְאוֹקְמוּהָ. וְאִלֵּין קַיְימִין עֲלָהּ, וּבֵיהּ אִשְׁתְּלִים פּוּלְחָנָא לְקֻדְשָׁא בְּרִיךְ הוּא, כַּהֲנָא קָאִים עֲלֵיהּ וְכַוֵּון מִלִּין בְּחֶדְוָותָא בִּרְעוּתָא, לְיַחֲדָא שְׁמָא קַדִּישָׁא כְּדְקָא יָאוּת, וְלֵיוָאֵי בְּשִׁיר, כְּדֵין כְּתִיב, דְּעוּ כִּי יהו"ה הוּא אלהי"ם, דָּא הוּא קָרְבָּן, לְקָרְבָא רַחֲמֵי בְּדִינָא, וּמִתְבַּסַּם כֹּלָּא.

Plus doux que le miel

Et il [*Rabbi Yehouda*] continue d'expliquer : « **Le chant [sera également présent] grâce aux *Leviyim* ; et il convient qu'il en soit ainsi, car les *Leviyim* ont toujours été préposés au chant** [dans le *Beit HaMikdach*] : ainsi, [par leur chant] ils adoucissent la Rigueur des Jugements de *Guevoura*, comme cela a été expliqué par ailleurs. **Et ceux-ci** [les *Cohanim* et les *Leviyim*] **se tiennent près de lui** [du *Korbane*]**, et par celui-ci** [par sa présentation sur l'Autel] **est accompli הָעֲבוֹדָה** « le Service Divin » **pour הקב״ה** ; *car* **le *Cohen* se tient près de lui** [du *Korbane*] **et il dirige ce qu'il faut faire** [au sujet du *Korbane*] **avec Joie et de bon gré, pour unifier le Saint NOM** [avec la *Chekhina*]**, comme cela doit être. Et les *Leviyim* [participent] par le chant. À ce sujet, il est écrit : « Sachez que יהו״ה est אלהי״ם**... » (*Tehillim* 100, 3) [ce verset suit : « Servez יהו״ה avec Joie... » : cela [« Sachez que... »] **se rapporte aux קָרְבָּנוֹת** « *Korbanot* »**, pour לְקָרֵב** « rapprocher » **רַחֲמִים** *Rahamime* « la Clémence » **du דִּין** *Dine* « la Rigueur ». Et alors, **tout** « **prend un bon parfum** » **et s'adoucit**, car le NOM **הוי״ה**, qui correspond à *Rahamime*, adoucit le Nom **אלהי״ם** qui correspond à *Dine*, jusqu'à ce que ce dernier se transforme en *Rahamime* ».

הַשְׁתָּא דְּלָא אִשְׁתַּכַּח קָרְבָּנָא, מַאן דְּחָטֵי קַמֵּי מָארֵיהּ, וְתָב לְגַבֵּיהּ, וַדַּאי בִּמְרִירוּ דְּנַפְשָׁא, בַּעֲצִיבוּ, בִּבְכִיָּה, בְּרוּחַ תְּבִירָא, הֵיאַךְ אוֹקִים שִׂמְחָה וּרְנָנָה, הָא לָא אִשְׁתַּכְחוּ גַּבֵּיהּ. אֶלָּא הָכִי אוֹקְמוּהָ, דְּתוּשְׁבְּחָן דְּמָארֵיהּ, וְחֶדְוָותָא דְּאוֹרַיְיתָא, וּרְנָנָה דְּאוֹרַיְיתָא, דָּא הוּא שִׂמְחָה וּרְנָנָה.   III זהר ח ע״א - ח ע״ב

Plus doux que le miel

[*Rabbi Yehouda*] demande : « Et maintenant, alors que le *Beit HaMikdach* est détruit et **qu'il n'est plus possible [de présenter] un *Korbane*, celui qui a fauté vis-à-vis de son Créateur et qui s'en repent devant Lui doit certainement [le faire] avec une Âme amère, avec tristesse, avec des larmes et un cœur brisé. Puisqu'il en est ainsi, comment peut-il s'adonner à la *Simḥa* et au chant qui sont nécessaires pour servir 'ה** ? Car la תְּשׁוּבָה *Techouva* est l'une des *Mitsvot* de 'ה qu'il faut accomplir avec *Simḥa*. Et puisqu'il est essentiel lors de la *Techouva* d'être soucieux et triste à cause de ses fautes, comment peut-on dans ces conditions accomplir cette *Mitsva* de la *Simḥa* ? Il n'y a donc chez lui ni *Simḥa* ni Chant » ! Et il répond : « **Mais voila ce que les Compagnons ont expliqué : 'Lorsque l'on glorifie son Créateur et que l'on se réjouit dans l'étude de la *Tora* tout en chantant, là sont la *Simḥa* et le Chant'** » qu'il faut avoir pour servir 'ה, c'est-à-dire : on doit toujours se tourmenter au sujet de ses fautes, mais lorsque l'on glorifie 'ה et que l'on étudie la *Tora*, il faut le faire avec Joie, avec une mélodie et une voix agréables. Et ainsi, on accomplit les *Mitsvot* de la *Simḥa* et du Chant, en réjouissant son cœur avec la *Tora*.

III Zohar 8a et 8b

Celui qui se réjouit à Chabbat, la Chekhina dit de lui : « Celui-là est à Moi »

Dans ce Midrach, nous apprenons que, au sujet de celui qui le soir de Chabbat rentre chez lui de bonne humeur et avec Joie, la Sainte Chekhina témoigne et proclame : « Cet homme m'appartient et J'en suis fière ».

Le Zohar

תָּא חֲזֵי, בְּיוֹמָא דָא דְשַׁבְּתָא, בָּעֵי בַּר נָשׁ לְמֶחֱדֵי בִּימָמָא וּבְלֵילְיָיא, וּבָעֵי לְתַקְּנָא פָּתוֹרָא, וְיַעֲבֵיד חֵידוּ לְעִילָּאִין וְתַתָּאִין [וְכוּ׳]. אִם אִינִישׁ יֵיעוֹל לְבֵייתֵיהּ בְּחֶדְוָוא, וִיקַבֵּל אוּשְׁפִּיזִין בְּחֶדְוָוא, וְכַד אָתֵי שְׁכִינְתָּא וּמַלְאָכִין, וְיֶחֱזוּ שְׁרָגָא נָהֲרָא, וּפָתוֹרָא מִתַּתְקְנָא, וְאִינִישׁ וְאִיתְּתֵיהּ בְּחֶדְוָה, בְּהַאי שַׁעֲתָא שְׁכִינְתָּא אָמְרַת, זֶה שֶׁלִּי הוּא, יִשְׂרָאֵל אֲשֶׁר בְּךָ אֶתְפָּאָר (ישעיהו מט ג.).

זהר חדש ס ע"א

Plus doux que le miel

Viens et vois ! Le jour de *Chabbat*, l'homme doit se réjouir le jour et la nuit ; il doit préparer sa table avec toutes sortes de bons plats, et [ainsi] il fera [venir] la Joie en Haut et en bas...Si, le soir de Chabbat, l'homme entre dans sa maison avec Joie, et s'il reçoit des אוּשְׁפִּיזִין *Ouchpizines* « invités » avec Joie, [alors] quand la *Chekhina* entre avec les מַלְאָכִים *Mal'akhim* « Envoyés Célestes », Elle voit les lumières [de *Chabbat*] allumées, la table dressée, l'homme et sa femme qui sont joyeux et en paix, et à ce moment la *Chekhina* dit : « Celui-là est à Moi », et à son sujet il est écrit : « Israël, dont Je Me glorifie » (*Yecha'yahou* 49, 3). Zohar Ḥadach 60a

Le Vin de la Joie de la Coupe de Bénédiction est comme les « Grappes » de la Chekhina

Dans ce Midrach, il est rappelé que l'accomplissement des Mitsvot est de nature à réjouir le cœur de l'homme.

Le Zohar

יַיִן דְּכוֹס דִּבְרָכָה עֲלֵיהּ אִתְּמַר וְיַיִן יְשַׂמַּח לְבַב אֱנוֹשׁ (תהלים קד טו), דְּתַמָּן פִּקוּדֵי יהו"ה יְשָׁרִים מְשַׂמְּחֵי לֵב (שם יט טו), דְּאִינּוּן אֶשְׁכּוֹלוֹת דִּילָהּ.

תקוני הזהר עב ע"ב

Plus doux que le miel

Le Vin de la Coupe de Bénédiction, qui est le Vin [de la *Tora*] et de la *Chekhina*, [elle-même] appelée « Coupe de Bénédiction », il est dit à son sujet : « Et le Vin réjouit le cœur de l'homme… » (*Tehillim* 104, 15), c'est le Vin [de l'Abondance de Bénédictions], car il est dit là-bas : « Les Préceptes de יהו״ה sont Droits, ils réjouissent le cœur » (*Tehillim* 19, 9). Il s'agit des *Mitsvot* qui sont accomplies avec la coupe de bénédiction, comme le קָדוֹשׁ *Kiddouch* et בִּרְכַּת הַמָּזוֹן *Birkat HaMazone*, qui sont ses אֶשְׁכּוֹלוֹת « Grappes », parce que les *Mitsvot* sont les « Grappes » de la *Chekhina* [de même que les grappes de la vigne permettent de produire le vin qui est bu dans la coupe de bénédiction, de même les « Grappes » formées par les nombreuses *Mitsvot*, lorsqu'elles sont accomplies avec *Kavana*, permettent à l'homme de recevoir la *Chekhina* dans sa *Nechama*].

Tikkounei HaZohar 72b

La Joie de la Mitsva
permet de vraiment servir 'ה

Ce Midrach montre comment la Joie d'accomplir une Mitsva a permis de faire descendre l'Esprit prophétique sur Elicha' le prophète, que la Paix soit sur lui.

Le Zohar

וַאֲחִי יָבָל הָיָה אָבִי כָּל תֹּפֵשׂ כִּנּוֹר וְעוּגָב, הַמְנַגְּנִין בְּכָל מִינֵי נְגוּנִין, וּבַר נַשׁ דְּחָדֵי בְּהוּ וְאִשְׁתַּדַּל בְּהַבְלֵי עָלְמָא, עֲלֵיהּ אָמַר קֹהֶלֶת שְׂמַח בָּחוּר בְּיַלְדוּתֶיךָ וְגוֹמֵר (קהלת יא ט), וּלְבָתַר מָה אָמַר לֵיהּ, וְדַע כִּי עַל כָּל אֵלֶּה יְבִיאֲךָ הָאֱלֹהִ"ים בַּמִּשְׁפָּט (שם), דַּעֲלַיְיהוּ אָמְרוּ מָארֵי מַתְנִיתִין, זִמְרָא בְּבֵיתָא חָרְבָּא בְּבֵיתָא, אֶלָּא וְשִׂמְחָתָם לִפְנֵי יהו"ה

Plus doux que le miel

Et le frère de *Yaval* était « *Youval*, le précurseur de tous ceux qui jouent de la lyre et de la flute » (*BeRechit* 4, 21). Il explique que [ce verset] fait allusion à **ceux qui jouent de toutes sortes d'instruments de musique** [rien que] pour leur plaisir dans ce monde. Et pour l'homme qui s'en réjouit, qui s'obstine à prendre plaisir aux futilités de ce monde, *Kohelet* dit à son sujet : « Réjouis-toi, jeune homme, dans ta jeunesse… » (11, 9), c'est-à-dire : amuse-toi et profite des plaisirs [corporels et matériels]. **Et ensuite, que lui dit-il ?** [Il répond :] « … et sache que pour tout cela, הָאֱלֹהִ"ים t'appellera lors du Jugement » : à l'avenir, tu seras jugé avec Rigueur pour ce que tu as fait ; **car à leur sujet** [à propos de ceux qui ont l'habitude de chanter et de jouer d'instruments

אלהיכ״ם (ויקרא כג מ), כְּגַוְונָא דְּאִתְּמַר וְהָיָה כְּנַגֵּן הַמְנַגֵּן וַתְּהִי עָלָיו יַד יהו״ה (מלכים ב ג טו).

תיקוני זהר קיט ע״א

Plus doux que le miel

de musique pour leur seul plaisir en ce monde], **les Maîtres de la *Michna* ont dit : « [S'il y a] des chants [profanes] dans la maison, la destruction [est là] sur le seuil »** (*Sota* 48a) : puisqu'ils entonnent des chants [frivoles] dans la maison, au cours de festins liés aux plaisirs de ce monde, il arrivera finalement que leur maison soit détruite. C'est ce qui est écrit : « Et le nom de son frère était **יוּבָל** 'Youval'... » (*BeRechit* 4, 21) ; [ce mot est] proche de בלה [être ruiné], allusion au fait que sa maison finira par יִתְבַּלֶּה « s'anéantir » et qu'elle sera détruite. **Mais** quelle est la Joie qui est permise [et agréée par **'ה**] : celle pour laquelle il est écrit : **« וּשְׂמַחְתֶּם** 'Vous vous réjouirez' devant **יהו״ה** votre **אלהיכ״ם**... »** (*VaYikra* 23, 40), c'est-à-dire la שִׂמְחָה « Joie » [qui provient de l'accomplissement] d'une *Mitsva*, et qui amène à servir **'ה** [de façon authentique], **comme** [la Joie] **dont il est dit à propos du prophète אֱלִישָׁע** *Elicha'* « Élisée » : « ... Tandis que le ménestrel jouait de la musique, l'Esprit de **יהו״ה** s'empara de lui » (II *Melakhim* 3, 14) : grâce à la *Simḥa*, *Elicha'* attira sur lui le Souffle prophétique.

Tikkounei Zohar 119a

Celui qui réjouit les pauvres acquiert le mérite que הקב"ה *Se réjouisse avec lui*

Dans ce Midrach, il est dit que même les Messagers Célestes, chargés d'appliquer le Jugement, proclament que toutes les sentences sont annulées pour celui qui réjouit les pauvres, quand il leur donne à satiété au cours d'un repas.

Le Zohar

אָמַר רַבִּי אֶלְעָזָר, (בְּגִין כָּךְ) אוֹרַיְיתָא לָא אַטְרַח עֲלֵיהּ דְּבַר נָשׁ יַתִּיר, אֶלָּא כְּמָה דְּיָכִיל, דִּכְתִיב, אִישׁ כְּמַתְּנַת יָדוֹ וְגוֹ' (דברים טז יז). וְלָא לֵימָא אִינִישׁ, אֱכוֹל וְאֶשְׂבַּע וְאַרְוֵוי בְּקַדְמֵיתָא, וּמַה דְּיִשְׁתְּאַר אֶתֵּן לְמִסְכְּנֵי, אֶלָּא רֵישָׁא דְכֹלָּא דְאוּשְׁפִּיזִין הוּא, וְאִי חַדֵּי לְאוּשְׁפִּיזִין וְרַוֵּי לוֹן, קֻדְשָׁא בְּרִיךְ הוּא חַדֵּי עִמֵּיהּ,

Plus doux que le miel

Rabbi El'azar a dit : « Voila pourquoi la *Tora* n'a pas obligé l'homme à donner plus que ce qui lui est possible mais seulement selon ce qu'il peut donner, **comme il est écrit : 'Chacun donnera selon ses moyens... selon la Bénédiction que** יהו"ה **ton** אלהי"ם **t'a donnée'** (*Devarim* 16, 17). Mais que l'homme ne dise pas : 'D'abord, je vais manger, me rassasier et étancher ma soif. Et ce qui restera de mon repas, **je le donnerai aux pauvres'** [s'il en reste]. **Le commencement de tout, c'est pour les pauvres**, c'est-à-dire qu'il doit donner une belle portion [avec générosité et de bon cœur] aux pauvres, puisque c'est la part [qui revient] aux *Ouchpizines* [les Invités spirituels : *Avraham*, *Yitshak*,

וְאַבְרָהָם קָרֵי עָלֵיהּ, אָז תִּתְעַנַּג עַל יהו"ה וְגוֹ' (ישעיהו נח יד).

וְיִצְחָק קָארֵי עָלֵיהּ, כָּל כְּלִי יוּצַר עָלַיִךְ לֹא יִצְלָח (ישעיהו נד יז).

III זהר ק"ד ע"א

Plus doux que le miel

Ya'akov, Moshé, Aharon, Yossef et *David]*, car il convient que ce soient eux qui prennent une part en premier. **Et s'il réjouit les *Ouchpizines* et s'il leur donne à satiété, alors** הקב"ה **Se réjouit avec lui. Et** *Avraham*, l'homme [qui représente l'Attribut] de חֶסֶד *Ḥessed* 'la Bonté sans limite' **proclame à son sujet : '... alors, tu te délecteras [de la Présence] de** יהו"ה' (*Yecha'yahou* 58, 14). **Et** *Yitsḥak*, [qui représente l'Attribut] de דִּין *Dine* 'Rigueur ', **proclame à son sujet** ce qui est écrit : **'Tout instrument forgé contre toi,** toutes les armes aiguisées, **rien ne pourra réussir** (*Yecha'yahou* 54, 17), ceci pour dire qu'elles ne réussiront pas à te faire de mal ».

III Zohar 104a

Les Ouchpizines

« La raison pour laquelle il faut inviter les *Ouchpizines* dans la *Soucca* est que leur Présence apporte une *Kedoucha* particulièrement importante, plus que pour les autres Fêtes. C'est pourquoi il faut les inviter ».

Rav Daniel Frisch

III Zohar 103b

Louer 'ה avec Joie à la fin du repas

Ce Midrach révèle combien il est important d'exprimer sa Joie au moment de réciter la prière du « Birkat HaMazone » à la fin d'un repas. Car en agissant de cette manière, on donne, pour ainsi dire, de la Force et de l'Importance aux Mondes d'en Haut.

Le Zohar

מַאן דִּמְבָרֵךְ לְקֻדְשָׁא בְּרִיךְ הוּא מִגּוֹ שָׂבְעָא, בָּעֵי לְכַוְּונָא לִבֵּיהּ, וּלְשַׁוָּאָה רְעוּתֵיהּ בְּחֶדְוָה, וְלָא יִשְׁתְּכַח עָצִיב, אֶלָּא דִּיבָרֵךְ בְּחֶדְוָה בְּרָזָא דָא, וְלִישַׁוֵּאי רְעוּתֵיהּ, דְּהָא אִיהוּ יָהִיב הַשְׁתָּא לְאַחֲרָא בְּחֶדְוָה בְּעֵינָא טָבָא, וּכְמָה דְּאִיהוּ מְבָרֵךְ בְּחֶדְוָה וּבְעֵינָא טָבָא, הָכִי יָהֲבִין לֵיהּ בְּחֶדְוָה

Plus doux que le miel

Celui qui, après avoir mangé à satiété, loue [et remercie à la fin du repas] הקב״ה en disant le בִּרְכַּת הַמָּזוֹן *Birkat HaMazone* « la bénédiction pour la nourriture », doit orienter son cœur [sa pensée] et [concentrer] sa volonté [pour dire cette bénédiction] avec *Simḥa*. Il ne doit pas être triste, car la tristesse vient du Côté de קְלִפָּה *Klippa* « l'Écorce » [l'enveloppe extérieure : l'ensemble des Forces impures qui empêchent d'accéder à la *Kedoucha*]. **Mais il devra dire cette bénédiction avec Joie et avec ce Secret** dont nous avons déjà parlé [à savoir :] réjouir la *Chekhina*. [En veillant à] avoir la volonté d'observer ce Secret, il adressera les bénédictions à la *Chekhina avec Simḥa* et de bon cœur. **Et tout comme il bénira avec Simḥa et de bon cœur, ainsi il lui sera donné des**

וּבְעֵינָא טָבָא, וּבְגִין כָּךְ לָא יִשְׁתְּכַח עָצִיב כְּלָל, אֶלָּא בְּחֶדְוָה, וּבְמִלִּין דְּאוֹרַיְיתָא, וִישַׁוֵּי לִבֵּיהּ וּרְעוּתֵיהּ לְמֵיהַב בְּרָכָה דָא בְּרָזָא דְּאִצְטְרִיךְ.

רָזָא הָכָא, אַרְבַּע רְתִיכִין שַׁלִּיטִין, בְּאַרְבַּע סִטְרִין וּמַשִּׁירְיָין, אִתְזָנוּ מֵהַהִיא בִּרְכָתָא דְשָׂבְעָא, וּבְאִינּוּן מִלִּין דְּבָרוּךְ אַתָּה, אִתְהֲנֵי וְאִתְרַבֵּי וְאִתְעַטָּר בֵּיהּ, וּמַאן דִּמְבָרֵךְ אִצְטְרִיךְ רְעוּתָא בְּחֶדְוָה וּבְעֵינָא טָבָא, וְעַל דָּא כְּתִיב,

Plus doux que le miel

bénédictions avec *Simḥa* et de bon cœur. C'est pourquoi il ne doit pas être triste au moment du repas, mais [manifester sa] Joie et [prononcer] des Paroles de *Tora* lorsqu'il étudiera à table. Et il aura vraiment à cœur d'adresser cette bénédiction, le *Birkat HaMazone*, à la *Chekhina*, selon le Secret qui est nécessaire et que nous avons appris, afin de prodiguer de nombreuses bénédictions à [l'intention de] la *Chekhina*.

Et il dit encore qu'il y a ici un Secret à propos de *Birkat HaMazone* : ce sont les quatre מֶרְכָּבוֹת *Merkavot* « Chars Célestes » qui dominent les quatre Directions et les [quatre] Camps des *Mal'akhim* de ארגמ״ן « *Argamane* », [acronyme qui désigne les quatre principaux Envoyés Célestes : אוּרִיאֵל *Ourie''l*, רְפָאֵל *Raphae''l*, גַּבְרִיאֵל *Gavrie''l*, מִיכָאֵל *Mikhae''l* et נוּרִיאֵל *Nourie''l*] ; ceux-ci sont nourris par la bénédiction de celui qui a mangé à satiété. Et par les mots de בָּרוּךְ אַתָּה *Baroukh Atta* « Loué sois-Tu... » qui sont dans le *Birkat HaMazone*, la *Chekhina* Se réjouit, Se glorifie et Se pare d'une Couronne. C'est pourquoi celui qui dit la bénédiction doit avoir la volonté d'être en Joie et doit la prononcer de bon

טוֹב עַיִן הוּא יְבֹרָךְ (משלי כב ט).

טוֹב עַיִן, כְּמָה דְּאוֹקִימְנָא, הוּא יְבָרֵךְ וַדַּאי, בְּעֵינָא טָבָא בְּחֶדְוָה, וְלָאו אִיהוּ לְמִגְנָא לְבָרְכָא בְּחֶדְוָה, דְּהָא מֵהַהִיא בִּרְכְתָא וּמֵהַהוּא חֵידוּ נָתַן מִלַּחְמוֹ לַדָּל, אֲתָר דְּאִצְטְרִיךְ לְאִתְּזָנָא מִכָּל סִטְרִין [וְכוּ׳].

כָּל מַאן דִּמְבָרֵךְ בִּרְכַּת מְזוֹנָא כְּדְקָא יָאוֹת, בְּחֶדְוָה בִּרְעוּתָא

Plus doux que le miel

cœur ; à ce sujet, il est écrit : « Celui qui a un bon cœur יְבֹרָךְ 'sera béni'... » (*Michlei* 22, 9). Et à ce propos, nos Sages ont dit : « Ne lis pas יְבֹרָךְ « il sera béni », mais יְבָרֵךְ « il dira la bénédiction » (*Sota* 38b), c'est-à-dire qu'il louera הקב״ה de bon cœur...

Un bon cœur, cela signifie : comme nous l'avons expliqué, il dira certainement la bénédiction de bon cœur et avec Joie. Ce n'est pas pour rien qu'il récitera le *Birkat HaMazone* avec Joie, car à partir de cette bénédiction et de cette Joie, « **il donne de son pain au pauvre** » (fin du verset précédent : *Michlei* 22, 9). Et le « Pauvre », c'est [selon le sens profond] **le Lieu qui doit être nourri** [de Lumière] **par l'ensemble des** six **Côtés** : les six קְצָוֹת « Extrémités » [*Sefirot* du *Partsouf Tif'eret*, appelé *Ze'er Anpine*], **parce que ce Lieu n'a rien par lui-même** : la *Chekhina* n'a rien d'autre [aucune Lumière] que celle qu'elle reçoit de *Tif'eret,* et c'est pourquoi la *Chekhina* est appelée « Pauvre ». Ce Lieu bénéficie de l'Influx des six Extrémités **et Il est rempli de toute l'Abondance qui vient des Extrémités** *[les six Sefirot]*.

Tout homme qui récite le *Birkat HaMazone* comme il se doit, avec Joie et de tout son cœur, aura pour récompense,

דְּלִבָּא, כַּד סָלִיק מֵהַאי עָלְמָא, אֲתָר אִתְתַקְּנָא לֵיהּ גּוֹ רָזִין עִלָּאִין בְּהֵיכָלִין קַדִּישִׁין.

II זהר ריח ע״א - ע״ב

Plus doux que le miel

lorsqu'il quittera ce monde, un Lieu qui sera préparé pour lui à l'intérieur des **סוֹדוֹת הָעֶלְיוֹנִים** « Suprêmes Secrets », dans les Saints Palaces en Haut.

II Zohar 218a et 218b

Les Suprêmes Secrets

« Qu'ils sont heureux, les *Bnei Israël* ! Parce que **הקב״ה** leur a donné la *Tora*, pour connaître toutes les Voies qui sont fermées et pour leur révéler les Suprêmes Secrets ».

I Zohar 124a

« *Rabbi Abba* se réveilla : son visage était rayonnant et ses yeux souriaient. *Rabbi Yossé* le saisit [par le bras]. *Rabbi Abba* lui dit : « Je sais ce que tu veux. Par ta vie [je fais le serment que] que j'ai vu de Suprêmes Secrets... ».

I Zohar Ḥadach 25a

« Dans toutes les Paroles de la *Tora*, **הקב״ה** a mis de Suprêmes Secrets, et il a enseigné aux hommes la Voie par laquelle ils peuvent se rectifier [s'améliorer], afin de la suivre, comme il est écrit : 'Je suis **יהו״ה**, ton **אלהי״ם**, Qui t'instruis pour ton bien, Qui te guides dans la Voie où tu dois aller' » (*Yecha'yahou* 48, 17).

I Zohar Ḥadach 25a

Il faut associer הקב״ה à sa Joie

Il est enseigné dans ce Midrach que lors d'un heureux événement, tel que le mariage de ses enfants, l'homme doit associer הקב״ה à sa Joie, et alors celle-ci sera complète.

Le Zohar

קוּם רַבִּי אַבָּא, לְחַדְּשָׁא מִילִין דְּאוֹרַיְיתָא, דַּאֲמַרְתְּ בְּחִבּוּרָא קַדְמָאָה, פָּתַח רַבִּי אַבָּא וְאָמַר, שִׁירוּ לַיהֹוָ"ה שִׁיר חָדָשׁ תְּהִלָּתוֹ מִקְצֵה הָאָרֶץ וְגוֹ' (ישעיהו מב י), כַּמָּה חֲבִיבִין יִשְׂרָאֵל קַמֵּי

Plus doux que le miel

רַעְיָא מְהֵימְנָא « Le berger fidèle » [l'un des surnoms de *Rachbi*, dont l'Âme était liée à celle de *Moshé*] dit à *Rabbi Abba* : « Lève-toi, *Rabbi Abba*, pour dire de nouvelles Paroles de *Tora* », [parmi celles] que tu as [déjà] dites dans la première rédaction [du Livre du Zohar]. *Rabbi Abba* commença par dire et expliquer ce qui est écrit : « Chantez à יהו״ה un cantique nouveau, *[proclamez]* Sa louange aux confins de la terre... » (*Yecha'yahou* 42, 10). Or, par la suite, ce verset n'est pas commenté [par *Rabbi Abba*] ; mais de ce qui est dit, il apparaît qu'il faut le comprendre ainsi : « Chantez à יהו״ה un Cantique nouveau... » : quand nous serons joyeux [lors d'un heureux événement], nous ne chanterons pas pour le plaisir que nous avons, mais nous chanterons en l'Honneur de ה' un Cantique nouveau, pour la Délivrance [qu'Il nous a accordée] ; car pour Israël, il n'y a pas de Joie [authentique] sans הקב״ה. Il commença [son propos] en faisant l'éloge d'Israël, et il dit : « **Combien ils sont**

קֻדְשָׁא בְּרִיךְ הוּא, דְּחֶדְוָה דִּלְהוֹן וְתוּשְׁבַּחְתָּא דִּלְהוֹן, לָאו אִיהוּ אֶלָּא (ס"א לְשִׁתְּפָא לְקֻדְשָׁא בְּרִיךְ הוּא וּשְׁכִינְתֵּיהּ בְּהַהוּא דְּהָכִי וְכוּ') **בֵּיהּ, דְּהָכִי תְּנֵינָן, כָּל חֶדְוָה דְּיִשְׂרָאֵל דְּלָא מִשְׁתַּתְּפֵי בָּהּ לְקֻדְשָׁא בְּרִיךְ הוּא** (וּשְׁכִינְתֵּיהּ), **לָאו אִיהוּ חֶדְוָה, וְזַמִּין אִיהוּ סמא"ל וְכָל סִיעֲתָא דִּילֵיהּ לְקַטְרְגָא לְהַהוּא חֶדְוָה,** (ס"א וְאִתְחֲזַר) **וְאִשְׁתְּאַר בְּצַעֲרָא וּבִכְיָה, וְקֻדְשָׁא בְּרִיךְ הוּא לָא אִשְׁתַּתַּף בְּהַהוּא צַעֲרָא.**

Plus doux que le miel

aimés, les *Bnei Israël*, [et comme leur mérite est grand] devant הקב"ה, car leurs joies et leurs louanges ne sont que pour Lui : il veut dire que s'ils font un repas de mariage, ou un repas à l'occasion d'une circoncision... ils invitent des pauvres pour leur donner à manger, et ils chantent des cantiques en l'Honneur de הקב"ה, et ils font attention de ne pas se conduire de façon incorrecte au cours de leur repas ; **car ainsi avons-nous appris : chaque** שִׂמְחָה *Simḥa* « Joie » [fête] **des** *Bnei Israël* **à laquelle ils n'associent pas** הקב"ה **et Sa** *Chekhina* **n'est pas une** *Simḥa*, **mais une débauche. Et** סמא"ל *Sammae''l*, [le Prince des Messagers malfaisants], **ainsi que tout son clan s'apprêtent à porter des accusations contre cette Joie** (tout comme il s'est répandu en accusations à propos du repas d'*Avraham,* notre Ancêtre, le jour du sevrage de *Yitsḥak,* parce qu'il n'avait pas invité des pauvres, comme il est dit dans la *Paracha BeRechit*, page 10b. [Et cette Joie] **se transforme en pleurs et douleurs,** car ainsi se terminent les repas où règnent légèreté et débauche. **Et** הקב"ה **ne s'associera pas à ce malheur,** pour ne pas donner à cet homme la force de supporter sa souffrance, car c'est lui-même qui se l'est infligée.

אֲבָל מַאן דְּשַׁתִּיף קֻדְשָׁא בְּרִיךְ הוּא וּשְׁכִינְתֵּיהּ בְּחֶדְוָה דִּילֵיהּ, אִם יֵיתֵי מְקַטְרְגָא לְקַטְרְגָא בְּהַהִיא חֶדְוָה, קֻדְשָׁא בְּרִיךְ הוּא וּשְׁכִינְתֵּיהּ מִשְׁתַּתֵּף בְּהַהוּא צַעֲרָא, מַה כְּתִיב בֵּיהּ, בְּכָל צָרָתָם לוֹ צָר (ישעיהו סג ט), וּבְמַאי, בְּגִין דְּעִמּוֹ אָנֹכִי בְצָרָה (תהלים צא טו).

וּמְנָלָן דְּאִית לוֹן לְיִשְׂרָאֵל לְשַׁתְּפָא לְקֻדְשָׁא בְּרִיךְ הוּא וּשְׁכִינְתֵּיהּ בְּחֶדְוָה דִּלְהוֹן, (נ"א בְּגִין דְּלָאו אִיהוּ חֶדְוָה, אֶלָּא בְּשׁוּתָּפוּת דִּילֵיהּ מֵאִלֵּין)

Plus doux que le miel

Mais [au sujet de] celui qui associe הקב"ה et Sa *Chekhina* à sa Joie, si l'Accusateur vient pour porter des accusations contre cette Joie, et si à cause d'une certaine faute [qu'il a commise] l'Accusateur a réussi à faire venir une souffrance sur cet homme, הקב"ה et la *Chekhina* s'associent à cette souffrance, pour l'atténuer, et ils donnent [à cet homme] la force de supporter la souffrance afin que soit réparée la faute dont l'Accusateur l'avait accusé. Et הקב"ה entend sa prière et Il le sauve, car qu'est-il écrit à Son sujet ? « Dans toute leur souffrance, celle d'Israël, c'est Lui, pour ainsi dire, Qui souffre… » (*Yecha'yahou* 63, 9). Et comment éprouve-t-Il de la souffrance ? Parce que « … Je suis avec lui dans la détresse » (*Tehillim* 91, 15), et si הקב"ה est avec l'homme dans sa détresse, il s'ensuit que sa détresse est alors annulée.

Et d'où [savons-nous] que les *Bnei Israël* doivent associer הקב"ה et Sa *Chekhina* à leur Joie, comme par exemple si l'un [d'entre eux] se marie ou circoncit son enfant ? (Autre version : parce qu'il n'a aucune Joie s'il ne Les associe

דִּכְתִּיב, יִשְׂמַח יִשְׂרָאֵל בְּעֹשָׂיו (שם קמט ב), הַהִיא חֶדְוָה דְיִשְׂרָאֵל לָאו אִיהוּ, אֶלָּא בְּעוֹשָׂיו.

בְּעֹשָׂיו, בְּעֹשׂוֹ מִבָּעֵי לֵיהּ, אֶלָּא אִלֵּין קֻדְשָׁא בְּרִיךְ הוּא וּשְׁכִינְתֵּיהּ, וְאָבִיו וְאִמּוֹ, דְּאַף עַל גַּב דְּמִיתוּ, קֻדְשָׁא בְּרִיךְ הוּא אַעְקַר לוֹן מִגַּן עֵדֶן, וְאַיְיתֵי לוֹן עִמֵּיהּ לְהַהוּא חֶדְוָה, לְנַטְלָא חוּלָקָא דְּחֶדְוָה עִם קֻדְשָׁא בְּרִיךְ הוּא וּשְׁכִינְתֵּיהּ, כְּמָה דְאַתְּ אָמַר

Plus doux que le miel

pas), **comme il est écrit : « Qu'Israël se réjouisse בְּעֹשָׂיו** 'avec Celui Qui l'a fait'... » *(Tehillim* 149, 2)*.* **Et il explique : la Joie d'Israël n'existe qu'avec הקב״ה** [avec Sa Présence] Qui עָשָׂה « a fait » l'homme et Qui l'a créé.

Et il demande : « **בְּעֹשָׂיו** [que l'on peut comprendre par : 'ceux qui l'on fait'] ? Pourquoi [ce mot] est-il écrit au pluriel ? Il aurait fallu dire : **בְּעֹשׂוֹ** au singulier [Celui qui l'a fait]. Car bien que l'intention [du verset] concerne **הקב״ה** et Sa *Chekhina*, il n'était pas pour autant nécessaire de s'exprimer au pluriel, parce qu'Ils forment une seule et même Entité, **comme il est écrit : « Celui qui l'a fait lui présentera Son Glaive »** *(Iyov* 40, 19) ; **הקב״ה**, Qui עָשָׂה « a fait » et créé le bœuf (verset 15), se présentera à lui avec Son Glaive et Il le fera mourir ; et bien que cela soit dit à propos de **הקב״ה** et Sa *Chekhina*, [le mot עָשׂוּ] est écrit au singulier parce qu'Ils forment une seule Entité ». Et il répond : « **Mais** la raison pour laquelle [le mot] est écrit au pluriel, cela est dit au sujet de **הקב״ה** et Sa *Chekhina* Qui ont **fait l'homme, et de son père et de sa mère,** qui ont donné naissance à celui qui a offert le repas, car bien qu'ils soient déjà morts, **הקב״ה les fait sortir du *Gan 'Eden*,** c'est-à-dire que la

La Joie

הָעֹשׂוֹ יַגֵּשׁ חַרְבּוֹ (איוב מ׳ יט).

III Zohar 219b

Plus doux que le miel

Chekhina recueille leur Âme et les amène avec Elle [pour les associer] à cette Joie, afin qu'ils prennent une part dans cette Joie avec הקב״ה et Sa *Chekhina*.

Rabbi Moshé Cordovero et autres commentateurs

III Zohar 219b

La Chekhina et les hommes

Viens et vois ! Lorsque les hommes sont des *Tsaddikim* et qu'ils respectent les *Mitsvot* de la *Tora*, la Terre prend des Forces et toute la Joie se trouve en elle, ce qui signifie : à l'intérieur des Forces de la Terre, qui est le *Michkane* et le Trône pour faire résider la *Chekhina,* celle-ci peut alors recevoir **שֶׁפַע** « l'Abondance Divine de Bienfaits », et Elle se réjouit de transmettre cette Abondance aux Mondes inférieurs. **Quelle raison** a la Terre de se réjouir que les hommes fassent ce qui est bien ? Et il dit : « **Parce qu'ainsi la *Chekhina* réside sur la Terre**, Elle Se réjouit d'être proche de Sa Racine ; **c'est pourquoi tous les Mondes en Haut et en bas se réjouissent aussi** : l'Abondance Divine de Bienfaits s'accroît et tous se réjouissent. **Mais lorsque les hommes ont un comportement corrompu, qu'ils ne respectent pas les *Mitsvot* « positives » de la *Tora* et qu'ils fautent devant** הקב״ה **en transgressant les interdictions, alors ils poussent, pour ainsi dire, la *Chekhina* hors du Monde...**   I Zohar 61a

La Joie au cours du repas de Bar Mitsva

Selon ce Midrach, le jour de la Bar Mitsva, l'homme reçoit l'inclination à faire le bien qui est l'aspect de sa sainte Nechama. C'est la raison pour laquelle Rabbi Chim'on offrit un grand repas le jour de la Bar Mitsva de son fils, Rabbi El'azar, et à cette occasion il ressentit une très grande Joie pour cette sainte Nechama qui était descendue et qui allait guider son fils dans la Voie de la Tora.

Le Zohar

אָמַר רַבִּי אֶלְעָזָר, עַד תְּלֵיסַר שְׁנִין, אִשְׁתַּדְּלוּתֵיהּ דְּבַר נָשׁ בְּהַהוּא נֶפֶשׁ חַיָּיתָא, מִתְּלֵיסַר שְׁנִין וּלְעֵילָּא, אִי בָּעֵי לְמֶהֱוֵי זַכָּאָה, יָהֲבִין לֵיהּ הַהִיא נִשְׁמָתָא קַדִּישָׁא עִלָּאָה, דְּאִתְגְּזָרַת מִכּוּרְסֵי יְקָרָא דְּמַלְכָּא. אָמַר רַבִּי יְהוּדָה, הַיְינוּ טַעֲמָא דִּתְנִינַן,

Plus doux que le miel

Rabbi El'azar a dit : « Jusqu'à treize ans [et parfois davantage : jusqu'à sa maturité sur le plan spirituel], l'occupation [exclusive] de l'homme dans le monde concerne נֶפֶשׁ l'Âme חַיָּיתָא « vivante », c'est-à-dire : une Âme animale [comme une חַיָה 'bête sauvage', l'homme ne pense qu'à lui]. À partir de treize ans, s'il veut être זַכָּאי 'innocenté' et צַדִּיק *Tsaddik* 'Juste' [devant le Tribunal d'en Haut], il lui est donné נִשְׁמָתָא 'l'Âme' sainte d'en Haut, qui a été extraite du Trône de la Gloire du Roi loué soit-Il (c'est-à-dire de la *Sefira Malkhout* du Monde *Atsilout*, comme cela sera expliqué plus loin, ainsi que dans le *Zohar*, à la *Paracha Michpatim*, page 98a) ». *Rabbi Yehouda* a dit : « C'est la raison pour laquelle nous avons

בִּתְלַת עֲשַׂר מְכִילָן דְּרַחֲמֵי, בְּמַתְנִיתָא דְּרַבִּי אֶלְעָזָר.

רַבִּי שִׁמְעוֹן בֶּן יוֹחָאי, זַמִּין לְמָארֵי מַתְנִיתָא לְמֵיכַל בִּסְעוּדָתָא רַבָּה, דַּעֲבַד לְהוּ, וְחָפָא כָּל בֵּיתָא בְּמָאנֵי דִּיקָר, וְאוֹתֵיב לְרַבָּנָן בְּהַאי גִּיסָא, וְהוּא בְּהַאי גִּיסָא, וַהֲוָה קָא בָּדַח טוּבָא.

אָמְרוּ לֵיהּ, מַאי בְּדִיחוּתָא דְּמָר בְּהַאי יוֹמָא דֵּין מִשְּׁאָר יוֹמִין, אָמַר לְהוּ, דְּיוֹמָא דֵּין נָחֲתָא דִּין נִשְׁמְתָא קַדִּישָׁא עִילָאָה, בְּאַרְבַּע גַּדְפִין דְּחֵיוָתָא, לְרַבִּי אֶלְעָזָר בְּרִי, וּבְהִילוּלָא דָא,

Plus doux que le miel

étudié dans le livre qui évoque les Treize Attributs de la Mansuétude Divine, **dans la *Baraïta*** [*Michna* extérieure] **de *Rabbi El'azar*, où il relate les faits suivants :** »

« *Rabbi Chim'on Ben Yoḥaï* avait invité les auteurs de la *Michna*, c'est-à-dire les Sages de sa génération, pour qu'ils viennent participer au grand repas qu'il leur avait préparé. Et il avait orné tout [l'intérieur de] sa maison d'objets précieux [de Paroles de *Tora*]. Il fit asseoir les Sages d'un côté de la table, et lui s'assit de l'autre côté. Et il était rempli d'une immense Joie.

Les Sages lui dirent, ils lui demandèrent : 'Quelle est la Joie [particulière] de notre Maître en ce jour, plus grande que les autres jours' ? Il leur répondit : 'Car aujourd'hui, une sainte *Nechama* est descendue d'en Haut, à l'aide [portée par] les quatre Ailes des חַיּוֹת הַקֹּדֶשׁ 'Créatures de Sainteté' [allusion à la Vision de Yeḥezkel chapitre 1], pour *Rabbi El'azar*, mon fils, qui est arrivé aujourd'hui à l'âge [spirituel] de treize ans. Et avec הִילוּלָא ce 'repas de *Mitsva*', [notre

יְהֵא לִי בְּדִיחוּתָא שְׁלֵימָתָא.

אוֹתְבֵיהּ לְרַבִּי אֶלְעָזָר בְּרֵיהּ לְגַבֵּיהּ, אָמַר תִּיב בְּרִי תִּיב, דְּיוֹמָא דֵין אַתְּ קַדִּישָׁא, וּבְעֶדְבָּא דְקַדִּישִׁין, אָמַר רַבִּי שִׁמְעוֹן מִלָּה חַד, וְאַסְחַר אֶשָּׁא בְּבֵיתָא, נָפְקוּ רַבָּנָן, חָמוּ קִיטוֹרָא דַּהֲוָה סָלִיק מִבֵּיתָא כָּל הַהוּא יוֹמָא.

אָתָא רַבִּי יוֹסֵי בֶּן רַבִּי שִׁמְעוֹן בֶּן לְקוּנְיָא, אַשְׁכַּח לְרַבָּנָן דַּהֲווֹ תְּוֵוהוּ וְקָיְימֵי בְּשׁוּקָא, אָמַר לְהוּ, מַאי הוּא, אָמְרוּ לֵיהּ, חָמֵי הַאי קִיטוֹרָא מֵאֶשָּׁא דִּלְעֵילָּא, דְּהָא יוֹמָא דֵין מַכְתִּירִין בְּכִתְרָא

Plus doux que le miel

Joie et nos Paroles de *Tora*], J'aurai une Joie complète ».

Il fit asseoir *Rabbi El'azar*, son fils, à côté de lui. Il lui dit : « Assieds-toi, mon fils, assieds-toi ! Car en ce jour, tu es קָדוֹשׁ *Kadoch* 'Saint', parce que tu entres dans le Destin et la Part d'Israël, qui sont קְדֹשִׁים *Kedochim* 'Saints', grâce à la sainte Nechama qui entre en toi aujourd'hui ». *Rabbi Chim'on* dit un mot, c'est-à-dire : il évoqua un certain Nom, et un Feu [au-dessus] entoura la maison. **Les Sages sortirent,** car ils ne pouvaient supporter le Feu qui était au-dessus. **Ils virent** [une colonne de Fumée] **du Feu qui s'élevait tout ce jour-là de la maison.**

Il continua et dit : « Entre-temps vint *Rabbi Yossé*, fils de *Rabbi Chim'on* fils de *Lakounia*. Il trouva les Sages qui se tenaient sur la place et s'étonnaient. Il leur demanda : 'Qu'est-ce qu'il y a, pour que vous restiez debout ici' ? Ils lui dirent *à Rabbi Yossé* : 'Regarde ! Cette fumée [vient] du Feu d'en Haut qui est descendu sur la maison de *Rabbi Chim'on,* parce qu'aujourd'hui l'On couronne *Rabbi El'azar*

קַדִּישָׁא לְרַבִּי אֶלְעָזָר, וְחָמוּ רַבָּנָן אַרְבַּע גַּדְפִין דְּנִשְׁרָא, דְּנָחֲתוּ בְּאֶשָׁא, דְּאַסְחַר לֵיהּ וּלְרַבִּי שִׁמְעוֹן אֲבוּהִי, יָתֵיב תַּמָּן רַבִּי יוֹסֵי, עַד דַּאֲזַל אֶשָׁא.

עָאל קֳדָמוֹהִי, אָמַר לֵיהּ, אַכְתָּרָא וְסִיתְרָא, גְּבָהוּתָא עַל כֹּלָּא, הַאי הִילוּלָא לֶהֱוֵי שְׁלֵימָתָא, אָמַר רַבִּי שִׁמְעוֹן מַאי דַעְתָּיךְ, אָמַר רַבִּי יוֹסֵי, הָא בְּרַתִּי לְרַבִּי אֶלְעָזָר בְּרָךְ, אָמַר וַדַּאי יְהֵא כָךְ, קָרָאוּ לְרַבָּנָן וִיהַב לֵיהּ בְּרַתֵּיהּ.

I זהר חדש יד ע״א

Plus doux que le miel

d'une sainte Couronne, c'est-à-dire d'une sainte *Nechama*. Et les Sages virent comme quatre ailes d'un aigle qui descendirent et entrèrent dans le Feu. Elles l'entourèrent, *Rabbi Eli'ezer*, et *Rabbi Chim'on*, son père. *Rabbi Yossé* s'assit là-bas et il attendit jusqu'à ce que le Feu disparaisse.

Rabbi Yossé entra [dans la maison et il se trouva] devant *Rabbi Chim'on.* Il lui dit, à *Rabbi Chim'on* : « Tu as couronné *Rabbi El'azar* de la *Nechama* en secret, elle est plus importante que tout [car ainsi il percevra la Lumière], c'est pourquoi je vous bénis, et cette Joie sera complète ». *Rabbi Chim'on* lui dit [il demanda à *Rabbi Yossé*] : « À quoi penses-tu » ? *Rabbi Yossé* dit : « Je voudrais donner ma fille à *Rabbi El'azar*, ton fils ». *Rabbi Chim'on* dit : « Bien sûr, je suis d'accord pour qu'il en soit ainsi ». Ils appelèrent les Sages et ils firent une Joie [un repas] de fiançailles.
Et *Rabbi Yossé* donna sa fille à *Rabbi El'azar*.

I Zohar Ḥadach 14a

La Joie parfaite à l'avenir, ce sera la Révélation Divine

Le présent Midrach révèle que la Joie authentique dans le Monde qui vient apparaîtra grâce au mérite des Mitsvot et des bonnes actions accomplies en ce monde.

Le Zohar

אָמַר רַבִּי יוֹחָנָן, לֵית לָן לִסְתּוֹר מְהֵימְנוּתָא דְּכֹלָּא, אֶלָּא לְקַיְּימָא לֵיהּ, דְּהָא אוֹרַיְיתָא אַסְהִידַת עֲלוֹי, דְּהָא אֲנַן יָדְעִין מְהֵימְנוּתָא דְּצַדִּיקַיָּא וְכִסּוּפָא דִּלְהוֹן מַאי הִיא, דִּכְתִיב, נָגִילָה וְנִשְׂמְחָה בָּךְ (שיר השירים א ד), וְלֹא בַּאֲכִילָה, נַזְכִּירָה דוֹדֶיךָ מִיָּיִן (שיר השירים א ד), וְהַהִיא סְעוּדָתָא דִּזְמִינִין

Plus doux que le miel

Rabbi Yoḥanane a dit : « Nous ne devons pas contredire la אֱמוּנָה *Emouna* [la confiance absolue] de tous les *Bnei Israël* qui croient qu'il y aura à l'avenir [au temps du *Machiaḥ*] un Festin avec de la viande, du poisson et du bon vin, parce que vraiment il en sera ainsi ; car la *Tora* [elle-même] s'en porte témoin par ce qui est écrit : « ... et vous mangerez à satiété... » (*VaYikra* 26, 5). Nous savons [déjà quel est le merveilleux niveau de] *Emouna* des צַדִּיקִים *Tsaddikim* « Justes » et combien leur désir est immense, comme il est écrit : « ... en Toi nous serons heureux et nous nous réjouirons... » (*Chir HaChirim* 1, 4), [en Toi] et non par la nourriture. De même : « ... nous apprécions Ton Amour plus que le vin... » (*Chir HaChirim* 1, 4), c'est-à-dire : le Vin de la *Tora*, et non le vin au sens propre. Ce Festin attendu par la plupart des *Bnei Israël*, et qui sera

בָּהּ, יְהֵא לָן חוּלָק לְמֶהֱוֵי מִנָּהּ, וְזוֹ הִיא הַשִּׂמְחָה וְהַשְּׂחוֹק, וְאֵלֶּה תּוֹלְדֹת יִצְחָק (בראשית כה יט), שֶׁיִּצְחֲקוּ הַצַּדִּיקִים לֶעָתִיד לָבוֹא, אַבְרָהָם הוֹלִיד אֶת יִצְחָק, זְכוּת הַנְּשָׁמָה מוֹלִיד הַשְּׂחוֹק הַזֶּה וְהַשִּׂמְחָה בָּעוֹלָם.

I זהר קמ ע"ב

Plus doux que le miel

selon son sens simple, avec de la viande, du poisson et du bon vin, **nous aussi nous y prendrons part pour en profiter** [non pour retirer un quelconque plaisir de la nourriture, mais pour nous réjouir de Sa Révélation, loué soit-Il]. **Et elle** [Sa Révélation] **est la** *Simḥa* [véritable] **et le** שְׂחוֹק *Seḥok* « Rire » [de Félicité] qui seront les nôtres lors du grand Festin que הקב״ה nous aura préparé. C'est à cela que fait allusion ce qui est écrit : « **Et voici les générations de** יִצְחָק *Yitsḥak*... » (*BeRechit* 25, 19), ce qui signifie que les *Tsaddikim* יִצְחֲקוּ *Yitsḥakou* « riront » dans le Monde qui vient. Et ce qui est écrit [à la fin du même verset] : « *Avraham* engendra יִצְחָק *Yitsḥak* » signifie que **la Pureté** [la vertu] **de la** *Neḥama* que celle-ci a acquise en ce monde, grâce aux *Mitsvot* et aux bonnes actions, **engendre ce** שְׂחוֹק *Seḥok* « Rire » **et la** *Simḥa* **dans le Monde** [qui vient].

I Zohar 140b

Israël n'a de Joie qu'en ה'

Ce Midrach loue le mérite d'Israël qui se réjouit et trouve son plaisir dans sa relation avec הקב״א, peu importe la façon dont Il Se conduit avec eux, que ce soit avec Amour ou avec Rigueur, car il sait que tout est pour son bien.

Le Zohar

רִבִּי יְהוּדָה פָּתַח, שׂוֹשׂ אָשִׂישׂ בַּה' תָּגֵל נַפְשִׁי בֵּאלֹהַ״י וְגוֹ' (ישעיהו סא י), זַכָּאָה חוּלְקֵיהוֹן דְּיִשְׂרָאֵל מֵעַמִּין, דְּחֶדְוָותָא וְתִפְנוּקָא דִּלְהוֹן בְּקֻדְשָׁא בְּרִיךְ הוּא, דִּכְתִיב שׂוֹשׂ אָשִׂישׂ בַּיהו״ה, כֵּיוָן דְּאָמַר בַּיהו״ה, אַמַּאי כְּתִיב בֵּאלֹהַ״י, אֶלָּא הָכִי אָמְרוּ יִשְׂרָאֵל, אִי בְּרַחֲמֵי אָתֵי עֲלָנָא, שׂוֹשׂ אָשִׂישׂ בַּיהו״ה,

Plus doux que le miel

Rabbi Yehouda commença par expliquer ce qui est écrit [à propos de la Délivrance qui peut arriver à chaque instant] : « J'exulte, j'exulte en **יהו״ה**, mon Âme se réjouit de mon **אלהי״ם**... » *(Yecha'yahou* 61, 10). Et il dit : « Comme elle est bonne, la part d'Israël, plus que [celle de] tous les [autres] peuples ! Car leur Joie et leur Plaisir sont en **הקב״א**, comme il est écrit : 'J'exulte, j'exulte en **יהו״ה**'... ». Et il demande : « Puisque [le prophète] a dit 'en **יהו״ה**', pourquoi est-il écrit [à nouveau] 'en mon **אלהי״ם**' ? Mais les *Bnei Israël* ont dit ceci : 'S'Il vient sur nous avec [l'Attribut de] Miséricorde, [alors] J'exulte, j'exulte en **יהו״ה**', car le NOM **יהו״ה** [qui est Son seul NOM, et non une simple appellation] **représente l'Attribut** [essentiel, les autres Attributs étant soumis à celui-ci] de **רַחֲמִים** *Rahamime* 'Miséricorde'.

אִי בְּדִינָא, תָּגֵל נַפְשִׁי בֵּאלֹהֵ"י, מַאי טַעְמָא, מִשׁוּם דְּאָלֵין בֵּיהּ אִתְגְּלִיפוּ.

רַבִּי יוֹסֵי אָמַר, שׂוֹשׂ אָשִׂישׂ בַּיהו"ה, תְּרֵין חֶדְוָון, בַּיהו"ה, בְּרַחֲמֵי, תָּגֵל נַפְשִׁי, הָא (נ"א חַד בְּחֶדְוָה) בְּדִינָא.

Plus doux que le miel

Et si [Il vient sur nous] avec [l'Attribut de] Rigueur, parce que nous avons l'impression [qu'Il Se comporte] comme s'Il était en Colère contre nous, et nous [nous sentons] éloignés de Lui – qu'Il nous en préserve ! –, alors également : **mon Âme se réjouit de mon אלהי"ם**, nous avons la Joie qu'Il nous livre à l'Attribut de Rigueur qui correspond au Nom **אלהי"ם** ». Et il dit : « **Pour quelle raison** sommes-nous en Joie même quand **הקב"א** Se conduit à notre égard avec l'Attribut de Rigueur ? [Réponse :] **Parce que l'un et l'autre** [les deux Attributs, celui de Bonté et celui de Rigueur] **sont « gravés »** et contenus en Lui, c'est-à-dire dans la *Sefira Tif'eret* qui correspond à l'Attribut de **רַחֲמִים** *Raḥamime* « Miséricorde » : **רַחוּם בַּדִּין** « Compatissant dans la Rigueur » ; et même s'Il Se comporte à notre égard avec l'Attribut de Rigueur, ce n'est pas avec une rigueur extérieure [à la *Kedoucha*], mais avec une Rigueur qui est Sainte et [relativement] douce qui restaure notre Âme ; c'est pourquoi il convient que 'mon Âme se réjouisse de **אלהי"ם**'.

Rabbi Yossé a dit : ce qui est écrit : « '**J'exulte, j'exulte en יהו"ה**' fait allusion à **deux Joies** : le NOM '**יהו"ה**' correspond à l'Attribut de *Raḥamime* 'Miséricorde' ; quand **הקב"א** Se conduit avec nous avec l'Attribut de *Raḥamime*, alors il y a une Joie qui est double, car nous nous nous réjouissons et **הקב"א** Se réjouit de notre Joie. [Mais] '**mon Âme se réjouit de mon אלהי"ם** …',

אָמַר רַבִּי יְהוּדָה, בְּכֹלָּא חֶדְוָה עַל חֶדְוָה, וְחֶדְוָה דְּצִיּוֹן זַמִּין קֻדְשָׁא בְּרִיךְ הוּא לְאַחֲדָאָה לְיִשְׂרָאֵל בְּחֶדְוָותָא יַתִּיר מִכֹּלָּא, דִּכְתִיב, וּפְדוּיֵי יְהֹוָ"ה יְשׁוּבוּן וּבָאוּ צִיּוֹן בְּרִנָּה וְגוֹ' (ישעיהו לה י), וּפְדוּיֵי יְהֹוָ"ה יְשׁוּבוּן, הָא חַד, וּבָאוּ צִיּוֹן בְּרִנָּה הָא תְּרֵי, וְשִׂמְחַת עוֹלָם עַל רֹאשָׁם הָא תְּלַת, שָׂשׂוֹן וְשִׂמְחָה יַשִּׂיגוּ הָא אַרְבַּע, לְקִבְלֵיהוֹן דְּאַרְבַּע

Plus doux que le miel

alors il n'y a qu'une seule et simple Joie, quand הקב"א Se conduit avec nous avec l'Attribut de Rigueur, car nous nous réjouissons en acceptant avec amour cette Rigueur, [mais הקב"א ne Se réjouit pas quand Il doit Se comporter avec Rigueur] ». *Rabbi Yehouda* a dit : « Pour tout, [quelle que soit la façon dont הקב"א dirige Ses Attributs : *Hessed* Bonté, *Dine* Rigueur et *Rahamime* Miséricorde, il faut que l'on ressente] 'Joie sur Joie' [une Joie redoublée], parce que tout est pour notre bien. Et à l'avenir הקב"א réjouira Israël de la 'Joie [du retour] à *Tsione*', une Joie qui sera supérieure à toutes les autres Joies, comme il est écrit : 'Et les rachetés de יהו"ה reviendront et ils entreront dans *Tsione* en chantant...' *(Yecha'yahou 35, 10)*. Et il explique : 'Et les rachetés de יהו"ה reviendront...', alors il y aura une Joie ; '... et ils entreront dans *Tsione* en chantant...', quand ils seront arrivés, alors il y aura une deuxième Joie ; 'une joie éternelle sera sur leur tête...' *(suite du verset)*, alors il y aura une troisième Joie ; '... ils atteindront la Joie et le Plaisir' *(suite du verset)*, comme le verset ne les a pas séparés [la Joie et le Plaisir], alors il y aura une quatrième Joie. Il y aura donc quatre Joies, qui correspondront aux quatre fois où les *Bnei*

וּכְדֵין כְּתִיב וַאֲמַרְתֶּם, זִמְנִין דְּאִתְפְּזָרוּ יִשְׂרָאֵל בֵּינֵי עֲמַמְיָא
בַּיּוֹם הַהוּא הוֹדוּ לַיהוָ״ה קִרְאוּ בִשְׁמוֹ וְגוֹ' (ישעיהו יב ד).

I זהר צ ע״ב

Plus doux que le miel

Israël ont été dispersés parmi les [autres] peuples : הקב״א réjouira Israël sous forme de quatre Joies, **et ainsi**, à propos du Jour de la Délivrance, **il est écrit : 'Et vous direz en ce Jour : 'Rendez hommage à יהו״ה, invoquez Son NOM...'** (*Yecha'yahou* 12, 4), car alors l'ensemble des *Bnei Israël* reconnaîtra que tous les exils étaient pour leur bien, dans le but de les affiner et de les purifier ; et ils diront les uns aux autres : 'Rendez hommage à יהו״ה, invoquez Son NOM' ».

I Zohar 90b

Maître du Monde

Mikhael [l'Envoyé Céleste, chargé de la défense d'Israël] **a dit :** « **Maître du Monde, Tu aurais dû avoir pitié d'eux** [des *Bnei Israël*] **pour les sauver, même s'ils ne font pas** *Techouva*. **Tu es Compatissant, et ainsi es-Tu appelé** ». **Il lui dit,** הקב״א à *Michael* : « **J'ai fait le Serment, le jour où J'ai pris devant Moi le Décret de les exiler**, de ne pas les délivrer **avant qu'ils fassent** *Techouva*. **Et si** *Knesset Israël* **commence à faire** *Techouva* [même un peu] **comme le chat d'une aiguille, Je lui ouvrirai grand les Portes**, pour les accueillir avec *Techouva* et les délivrer, rapidement et de nos jours. Amen.

Zohar Ḥadach 30a

Il n'y a de véritable Joie qu'à Jérusalem

Ce Midrach vient nous rappeler que la présence d'Israël sur sa Terre, et en particulier à Jérusalem, est une condition nécessaire pour ressentir la Joie authentique, lorsque Ze'er Anpine et Malkhout s'unissent.

Le Zohar

שִׂמְחוּ אֶת יְרוּשָׁלַם וְגוֹ׳, בְּגִין דְּחֶדְוָה לָא אִשְׁתְּכַח, אֶלָּא בְּזִמְנָא דְיִשְׂרָאֵל קַיְימֵי בְּאַרְעָא קַדִּישָׁא, דְּתַמָּן אִתְחַבְּרַת אִתְּתָא בְּבַעְלָהּ, וּכְדֵין הוּא חֶדְוָותָא דְכֹלָּא, חֶדְוָותָא דְעֵילָא וְתַתָּא, בְּזִמְנָא דְיִשְׂרָאֵל לָא אִשְׁתְּכָחוּ בְּאַרְעָא קַדִּישָׁא, אָסִיר לֵיהּ לְבַר נָשׁ לְמֶחֱדֵי, וּלְאַחֲזָאָה חֵידוּ, דִּכְתִיב, שִׂמְחוּ אֶת יְרוּשָׁלַם וְגִילוּ בָהּ וְגוֹ׳, וְגִילוּ בָהּ דַּיְיקָא.

III זהר קיח ע״א

Plus doux que le miel

La raison pour laquelle il est écrit : « **Réjouissez-vous avec Jérusalem... et ayez plaisir avec elle, tous ceux qui l'aiment...** » (*Yecha'yahou* 66, 10), **c'est qu'il n'y a pas de Joie** [authentique] **sauf quand Israël se trouve sur la Terre sainte, parce que l'essentiel des** *Mitsvot* **dépend de la Terre** [et qu'il n'y a de Joie véritable que lorsque l'on accomplit une *Mitsva*]. **Car là-bas** [dans le Monde *Atsilout*] **l'Épouse S'unit à Son Mari, là-bas réside** *Tif'eret* **Israël** [*Ze'er Anpine*] **sur la Terre Sainte qui est** [appelée] *Malkhout* [et aussi « Jérusalem »]. **Et** alors, il y a la Joie de tous, c'est-à-dire : la Joie [des Mondes d'] en Haut et [celle d'] en bas. Mais **quand Israël n'est pas sur la Terre sainte [quand il est loin de *Malkhout*], il est alors interdit à l'homme de se réjouir et de montrer sa joie, comme il est écrit : « Réjouissez-vous avec Jérusalem et ayez plaisir** בָהּ 'en elle'… » : **et ayez plaisir** בָהּ **'en elle', véritablement ;** explication : quand les *Bnei Israël* se trouvent 'en elle' ; car lorsqu'ils résidaient sur leur Terre, plusieurs [*Mal'akhim*] prenaient la défense de chacun d'entre eux devant הקב"ה, mais maintenant « notre vie s'étiole, [nous n'avons] plus rien… » (*BeMidbar* 11, 6). C'est pourquoi il n'y a pas lieu de se réjouir.

III Zohar 118a

Quand pourra-t-on se réjouir ?

Rabbi Yoḥanane a dit au nom *de Rabbi Chim'on Ben Yoḥaï* : « **Il est interdit que l'homme remplisse sa bouche de rires en ce monde,** aussi longtemps que nous sommes en exil, **comme il est dit :** 'Quand יהו"ה ramènera les captifs de *Tsione*, nous serons comme ceux qui rêvent' (*Tehillim* 126, 1), seulement '**Alors notre bouche sera remplie de chants joyeux, et notre langue [d'accents] d'allégresse…**' (*Tehillim* 126, 2). **Quand** cela arrivera-t-il ? Quand '**… Parmi les nations, ils diront :** יהו"ה **a fait de grandes choses pour eux**' (*Tehillim* 126, 2) ».

En ce temps-là, il y aura un Rire immense

Dans ce Midrach est évoqué le Jour de la résurrection spirituelle des morts, c'est-à-dire le Jour où toutes Ses créatures reviendront d'un cœur entier vers 'ה, loué soit-Il. Alors, il y aura dans le Monde une grande Joie, comme jamais il n'en fut de pareille. Et les Tsaddikim vivront pour toujours.

Le Zohar

אָמַר רַבִּי יְהוּדָה, בְּאוֹתוֹ זְמַן, עָתִיד הַקָּדוֹשׁ בָּרוּךְ הוּא לְשַׂמֵּחַ עוֹלָמוֹ וְלִשְׂמוֹחַ בִּבְרִיּוֹתָיו, שֶׁנֶּאֱמַר יִשְׂמַח יְהוָ"ה בְּמַעֲשָׂיו (תהילים קד לא), וַאֲזַי יִהְיֶה שְׂחוֹק בָּעוֹלָם מַה שֶּׁאֵין עַכְשָׁיו, דִּכְתִיב, אָז יִמָּלֵא שְׂחוֹק פִּינוּ וְגוֹ' (תהילים קכו ב), הֲדָא הוּא דִכְתִיב, וַתֹּאמֶר שָׂרָה צְחֹק עָשָׂה לִי אֱלֹהִי"ם (בראשית כא ו). שֶׁאֲזַי עֲתִידִים בְּנֵי אָדָם לוֹמַר שִׁירָה שֶׁהוּא עֵת שְׂחוֹק.

Plus doux que le miel

Rabbi Yehouda a dit : « En ce temps-là, après [l'avènement de] **תְּחִיַּת הַמֵּתִים** 'la résurrection des morts', **הקב"ה** réjouira Son Monde, et Il Se réjouira de Ses créatures, comme il est dit : 'Que la Gloire de **יהו"ה** dure toujours, que **יהו"ה** Se réjouisse de Ses Œuvres, c'est-à-dire de l'Œuvre de Ses Mains : les *Bnei Israël*' (*Tehillim* 104, 31). Et il y aura alors dans le Monde **שְׂחוֹק** 'un [immense] Rire', ce qu'il n'y a pas maintenant, comme il est écrit : 'Alors notre bouche sera remplie de **שְׂחוֹק** 'Rire' et notre langue d'allégresse' (*Tehillim* 126, 2). C'est ce qui est écrit : '*Sara* dit : **אלהי"ם** m'a apporté **צְחֹק** 'un Rire'...' (*BeRechit* 21, 6) ; car à l'avenir, les hommes

רַבִּי אַבָּא אָמַר, הַיּוֹם שֶׁיִּשְׂמַח הַקָּדוֹשׁ בָּרוּךְ הוּא עִם בְּרִיּוֹתָיו, לֹא הָיְתָה שִׂמְחָה כְּמוֹתָהּ מִיּוֹם שֶׁנִּבְרָא הָעוֹלָם, וְהַצַּדִּיקִים הַנִּשְׁאָרִים בִּירוּשָׁלַיִם לֹא יָשׁוּבוּ עוֹד לַעֲפָרָם, דִּכְתִיב וְהָיָה הַנִּשְׁאָר בְּצִיּוֹן וְהַנּוֹתָר בִּירוּשָׁלַיִם קָדוֹשׁ יֵאָמֶר לוֹ (ישעיהו ד ג). הַנּוֹתָר בְּצִיּוֹן וּבִירוּשָׁלַיִם דַּיְקָא.

I זהר קי״ד ע״א

Plus doux que le miel

chanteront que le temps du **שְׂחוֹק** 'Rire' est venu ».

Rabbi Abba a dit : « En ce Jour-là où **הקב״ה** Se réjouira avec Ses créatures, la Joie sera très grande, comme il n'y en avait plus eue depuis que le Monde avait été créé. Et les *Tsaddikim* qui seront restés à **יְרוּשָׁלַם** *Yerouchalayim* Jérusalem ne retourneront pas à la poussière [d'où venait leur corps], **comme il est écrit : 'Et celui qui sera resté** après la résurrection des morts **à *Tsione*, et le survivant,** celui qui aura survécu, résideront **à Jérusalem ; il sera dit de lui 'קָדוֹשׁ** *Kadoch* : Saint…'**, tout le monde dira de lui qu'il est *Kadoch*' (*Yecha'yahou* 3, 4). [Le prophète] veut dire que même le corps sera *Kadoch* et qu'il n'aura plus besoin de retourner à la poussière. Et précisément celui qui aura eu le mérite de rester à *Tsione* et Jérusalem… Autre explication : 'celui qui sera resté à *Tsione*', qui aura veillé à la *Kedoucha* du *Yessod* ; 'et le survivant, à Jérusalem', [celui qui aura gardé] sa *Emouna* parfaite, qui réside dans [la *Sefira*] *Malkhout*.

I Zohar 114a

עִיּוּנִים

Approfondissements

Tora et *Kabbala*

Sans la *Tora* au sens large, il n'y aurait pas de *Kabbala*, car celle-ci puise sa source d'inspiration et sa raison d'être dans l'ensemble des vingt-quatre Livres sacrés.

Et sans la *Kabbala*, la *Tora* ne serait lue qu'à un niveau simple et littéral, dépourvu de toute signification profonde et de toute potentialité à réparer le monde.

En d'autres termes, la *Tora* et la *Kabbala* sont complémentaires, et il n'est pas excessif d'ajouter que l'une est indispensable à la compréhension de l'autre, et réciproquement.

Si la *Tora* et la *Kabbala* se complètent, cela signifie nécessairement qu'elles présentent des différences, autrement dit que leurs approches respectives de la Vérité, tout en convergeant, reposent sur des axiomes qui, à première vue, ne sont pas les mêmes.

Nous savons que la *Tora*, dont l'Essence est Divine, peut être interprétée selon quatre méthodes qui sont, dans l'ordre d'approche de la Vérité, les suivantes :

Le sens simple et littéral	פְּשָׁט
Le sens allusif	רֶמֶז
Le sens exégétique	דְּרָשׁ
Le sens secret et profond	סוֹד

Les lettres initiales de chaque dénomination en hébreu forment le mot פַּרְדֵּס *Pardès* « Paradis », qui est l'un des synonymes de גַּן־עֵדֶן *Gan 'Eden* « Jardin d'*Eden* ».

Quand le Traité Ḥaguigua 14b évoque l'entrée des quatre Sages que furent *Ben 'Azaï*, *Ben Zoma*, celui qui est surnommé « l'autre » et *Rabbi 'Akiva*, dans le פַּרְדֵּס *Pardès*, cela signifie qu'ils ont pu accéder aux quatre méthodes d'interprétation, y compris celle du סוֹד le « Secret ». Seul *Rabbi 'Akiva* en sortit indemne.

La *Michna* (Ḥaguigua 2, 1) énonce clairement que « pour celui qui réfléchit à quatre choses, il eut été préférable qu'il n'entre pas dans ce monde : à ce qu'il y a au-dessus [du firmament], à ce qui est dessous [la Terre], à ce qui était avant [la Création], à ce qu'il y aura après [la fin du monde] ». De là, nous apprenons qu'il est permis et recommandé de rechercher la Vérité... mais seulement dans la limite de ce qu'il est possible d'atteindre.

Au-delà des quatre méthodes d'interprétation mentionnées ci-dessus, on ne peut écarter l'hypothèse selon laquelle, de Celui Qui est appelé אֵי״ן־סוֹ״ף בָּרוּךְ־הוּא *EÏN SOF* loué soit-Il « L'INFINI », puissent émaner une infinité d'approches de la *Tora*.

Quant aux kabbalistes, ils considèrent que l'on peut retenir deux modes d'élucidation du Texte sacré que ה' a donné au mont *Sinaï* :

1) תּוֹרַת הַנִּגְלָה *Torat HaNiglé* « la *Tora* de ce qui est נִגְלָה 'dévoilé, révélé' », de ce qui se donne à comprendre de prime abord, à savoir : les faits historiques qui se sont déroulés au niveau des différents personnages et du Peuple d'Israël. Ces nombreuses « histoires », aussi intéressantes puissent-elles être, s'apparentent à des לְבוּשִׁים *Levouchim* « Vêtements », qui ont pour fonction de recouvrir et de

dissimuler des messages sous-jacents que l'on ne perçoit pas, bien qu'ils soient en fait l'essentiel. Sous cet angle, la *Tora* se présente comme un Document informatif, qui ne nécessite pas, semble-t-il, une implication personnelle et approfondie de la part de ceux qui en prennent connaissance.

2) תּוֹרַת הַנִּסְתָּר *Torat HaNistar* « la *Tora* du Dissimulé et de ce qui est dissimulé » : celle-ci est également appelée חָכְמַת הַנִּסְתָּר *Ḥokhmat HaNistar* « la Sagesse du Dissimulé », תּוֹרַת הַסּוֹד *Torat HaSod* « la *Tora* du Secret », תּוֹרַת הָאֱמֶת *Torat HaEmet* « la Tora de la Vérité » נִשְׁמַת הַתּוֹרָה *Nichmat HaTora* « l'Âme de la *Tora* », פְּנִימִיּוּת הַתּוֹרָה *Pnimiyout HaTora* « l'Intériorité de la *Tora* », קַבָּלָה *Kabbala*… Tous ces qualificatifs témoignent du fait que nous entrons dans un Domaine qui dépasse notre imagination et notre aptitude à comprendre quoi que ce soit de façon rationnelle. Seule, dans le meilleur des cas, une Lumière ténue et fugitive peut nous montrer la voie qui mène à une certaine perception. Il est très important de garder constamment à l'esprit que le Domaine de la *Kabbala* est entièrement d'ordre spirituel, sans aucune dimension de temps, d'espace et de matière. Dans ce Monde spirituel, nos cinq sens qui nous aident à appréhender notre environnement sont complètement inopérants. Même le langage humain est inapproprié pour désigner des concepts qui restent en grande partie inconnus.

Malgré les différences que l'on peut constater entre *Torat HaNiglé* et *Torat HaNistar*, il convient de se souvenir que ces deux approches sont, pour ainsi dire, comparables aux deux faces d'une même pièce et que la *Tora*, à l'Image de Celui loué soit-Il Qui l'a donnée, est unique et indivisible.

La Sagesse de la *Kabbala*

Au centre de la pensée juive des Secrets de la *Tora* se trouve l'ardent désir de s'élever sur le plan spirituel et de se rapprocher de la Volonté du Créateur.

Les multiples attraits du monde matériel sont considérés comme des obstacles qui empêchent de percevoir Celui dont la Providence est omniprésente, comme il est écrit : « Il n'y a aucun endroit [fût-il le plus petit] qui est vide de Sa Présence » *(Tikkounei HaZohar 122b)*. Et ceci, bien que cela ne soit pas toujours évident.

En d'autres termes, le קֶשֶׁר « lien » entre le Créateur et l'être créé ne devient possible que s'il est mis fin au שֶׁקֶר « mensonge » sous toutes ses formes. Ce lien se traduit par un retour de la *Nechama* vers sa Source : « sa Racine ». Alors, l'homme accède au plus grand Plaisir qu'il puisse connaître dans sa vie et à la raison d'être de ce pour quoi il a été créé.

Toutefois, en aucun cas il n'est question de découvrir l'Essence du Tout-Puissant, car « aucune pensée ne peut absolument pas Le concevoir » *(Tikkounei HaZohar 17a)*.

Il reste au kabbaliste la possibilité d'étudier la façon dont ה' intervient dans le Monde, sur lequel Sa Providence s'exerce à chaque instant. Et cette étude porte sur dix *Sefirot*, qui sont les Émanations de Sa Lumière : celles-ci représentent les כֵּלִים *Kelim* « Réceptacles », que ה' a placés devant les hommes épris de Vérité, pour qu'ils apprennent à connaître Sa Volonté.

Les débuts de la *Kabbala*

Depuis que l'homme a commencé à s'interroger sur la raison pour laquelle la vie lui a été donnée, la *Kabbala* est apparue sous une forme embryonnaire.

Le Peuple juif, à qui la mission a été confiée d'éclairer l'humanité à la Lumière de la *Tora*, ne pouvait échapper à la question de savoir comment il pouvait remplir un tel rôle auquel il n'était pas *a priori* préparé.

Selon le *Midrach*, *Avraham* fut le premier à s'interroger sur les Secrets de la Création et sur les obligations morales que ce questionnement impliquait pour l'homme. Le fruit de ses réflexions fut plus tard inscrit dans סֵפֶר יְצִירָה « *Le Livre de la Formation* », appelé aussi « *Le Livre de la Création* » ou « *de l'Émanation* ».

Tout au long des générations ultérieures, la קַבָּלָה *Kabbala* fut transmise de façon orale, de Maître מְקַבֵּל « kabbaliste » à disciple qualifié, qui la קִבֵּל « recevait » en secret à titre strictement personnel. Quant aux prophètes, certains d'entre eux évoquèrent les visions du Monde d'en Haut, telles qu'ils pouvait les exprimer dans le langage humain : ce fut le cas de יְשַׁעְיָהוּ *Yecha'yahou* « Isaïe » (chapitre 6) et de יְחֶזְקֵאל *Yeḥezkel* « Ézéchiel » (chapitre 1). Ces visions furent ensuite désignées par l'expression מַעֲשֵׂה מֶרְכָּבָה « L'Œuvre du Char Divin », et leur étude fut soumise à de sévères restrictions.

La *Kabbala* au temps de la *Michna*

L'étude des Secrets de la *Kabbala* a continué à susciter la curiosité et l'engouement de nombreux תַּנָּאִים « Sages » à l'époque de la *Michna*.

L'un d'entre eux, *Rabbi Neḥounia Ben HaKana* (2ᵉ moitié du Iᵉʳ siècle – 1ᵉʳᵉ moitié du IIᵉ siècle de l'ère actuelle), avait la réputation de disposer de pouvoirs surnaturels dont il se servait pour lutter contre l'occupant romain qui à cette époque imposait sa loi en Israël (*Midrachim*, et littérature des *Heïkhalot* « Palais »).

Plusieurs livres de *Kabbala* sont attribués à *Rabbi Neḥounia Ben HaKana*, dont en particulier : *le Livre de la Clarté* » ainsi que « *le Livre de l'Étonnement* ».

Par ailleurs, les ascensions mystiques de *Rabbi 'Akiva* (50 – 135 de l'ère actuelle) sont relatées dans l'ouvrage intitulé הֵיכָלוֹת זוּטָרְתִי « *le Petit Traité des Palais* », et celles de *Rabbi Yichmael* (70 – 135) dans הֵיכָלוֹת רַבָּתִי « *le Grand Traité des Palais* ».

Le Sage du temps de la *Michna* qui a eu la plus grande influence sur la pensée kabbalistique est sans conteste *Rabbi Chim'on Bar Yoḥaï* . Selon la Tradition, celui-ci est considéré comme l'inspirateur principal, avec son fils *Rabbi El'azar* ainsi que les autres Compagnons de sa sainte confrérie, du *Livre du Zohar.*

Longtemps limité à des cercles de Sages initiés, ce livre est devenu, depuis sa première impression à Mantoue (Italie) en 1558, l'ouvrage de *Kabbala* le plus apprécié.

La *Kabbala* au moyen-âge

Vers la fin du IXe siècle, *Rabbi Aharon Ben Chmouel* dit « le Prince », l'un des Sages de Babylone, émigra en Italie où les enseignements de l'intériorité de la *Tora* commencèrent à se répandre parmi certains érudits.

L'un d'entre eux, *Rabbi Moshé Ben Kalonimos* (Xe siècle), quitta l'Italie et se rendit à Mayence, dans la Rhénanie actuelle, où il fit connaître les principes de la *Kabbala*.

Peu à peu se constituèrent des groupes de חֲסִידִים Ḥassidim « Juifs pieux » qui, de pérégrinations en pérégrinations, essaimèrent dans plusieurs communautés d'Europe pour faire partager le désir et l'intérêt de découvrir les Secrets de l'aspect dissimulé de la *Tora*.

Une évolution similaire se produisit en Provence et dans le Languedoc. Progressivement, fleurirent et se développèrent des centres d'étude, en particulier à Posquières, où l'un des plus célèbres kabbalistes fut *Rabbi Avraham Ben David* de Posquières (1120 – 1197).

Son fils, *Rabbi Yitsḥak Sagui Nahor* (1160 – 1235), émigra ensuite en Espagne, et c'est grâce à ses enseignements que ce pays devint ultérieurement un centre important de la *Kabbala*.

Parmi les Sages espagnols, nombreux furent ceux qui se consacrèrent à l'étude approfondie de la dimension intérieure de la *Tora*.

Le plus célèbre d'entre eux fut, au XIIIe siècle, *Moshé Ben Naḥmane Gerondi* (1194 -1270), plus connu sous le nom de *Naḥmanide*, qui rédigea un important commentaire de la *Tora*, fortement inspiré par les conceptions kabbalistiques tout en veillant à ne pas les dévoiler.

Parmi les autres Sages, qui vivaient en Espagne à cette époque, figurent en particulier *Rabbeinou Baḥayé Ben Acher* (1255 – 1340), *Rabbi Perets Ben Yitsḥak HaCohen* (1304 – 1370) et *Rabbi Chlomo Ben Avraham Aderet* (1235 – 1310).

Par ailleurs, il convient de rappeler que dans certains milieux et à certaines époques du moyen-âge, il pouvait être dangereux d'exprimer ouvertement son attachement aux immenses valeurs dissimulées dans la recherche des Secrets de la *Tora*.

On peut ainsi comprendre pourquoi de grands Sages, tels que *Rabbi Chlomo Ben Yistḥak* (*Rachi*, 1040 – 1105) et *Rabbi Moshé Ben Maïmone* (*Rambam*, 1138 – 1204), firent très attention de ne rien dévoiler – si ce n'est à mots couverts – de ce qu'ils savaient dans ce domaine.

Comme il est bien connu, « la Vérité n'est pas toujours bonne à dire », et cette maxime reste encore valable de nos jours…

L'apparition du *Livre du Zohar*

C'est à partir de l'an 1280 qu'apparurent pour la première fois au grand jour des copies de manuscrits du *Livre du Zohar* ; ces copies parvinrent rapidement dans différents centres d'étude de la *Kabbala* en Europe et en Israël.

À l'origine de cet événement qui débuta en Castille, se trouve *Rabbi Moshé Ben Chem Tov Di León* dont le rôle se limita, selon ses propres déclarations, à recopier un ancien manuscrit. Il s'ensuit, d'après cette version, que les véritables auteurs du *Livre du Zohar* furent, au IIe siècle de l'ère actuelle, *Rabbi Chim'on Bar Yoḥaï*, son fils *El'azar* ainsi qu'un groupe de disciples.

Au regard de l'importance exceptionnelle de ce Livre et du grand intérêt qu'il suscita, il apparut très surprenant qu'il ait pu rester aussi longtemps dissimulé, et certains commencèrent à mettre en doute son authenticité. Tout au long des générations qui suivirent, les arguments en faveur et à l'encontre de l'antériorité du *Livre du Zohar* se multiplièrent, sans qu'aucune hypothèse ne l'emporte. Si bien que si la question reste posée, sa réponse aujourd'hui fait partie des mystères dont le livre lui-même est rempli.

Et ici, il convient de rappeler les propos du célèbre kabbaliste *Rav Yehouda Ashlag* à ce sujet, tels qu'ils apparaissent dans « *Le Livre du Zohar : Introduction* » :

« Et tous ceux qui sont initiés au saint *Livre du Zohar*, c'est-à-dire ceux qui comprennent ce qui y est écrit, ont été unanimes pour affirmer que c'est le saint *Tanna Rachbi* qui l'a rédigé.

Parmi ceux qui sont éloignés de cette Sagesse, il en est certains qui mettent en doute l'attribution du *Zohar* à *Rachbi* et qui ont tendance à dire, en s'appuyant sur des conjectures falsifiées qui viennent d'opposants à cette Sagesse, que le véritable auteur serait le kabbaliste *Moshé Di León*, ou d'autres qui lui sont contemporains.

Quant à moi, depuis le jour où, grâce à la Lumière de ה׳, loué soit-Il, il m'a été donné d'examiner quelque peu ce Livre saint, il ne m'est pas venu à l'esprit de vérifier pour savoir qui en est l'auteur.

Et cela, pour une raison fort simple : d'après ce que contient *Le Livre du Zohar*, j'ai pris conscience du niveau particulièrement élevé du *Tanna Rachbi*, qui est sans commune mesure par rapport à tous les autres Sages du temps de la *Michna*.

Et s'il m'était apparu de façon très claire que son auteur porte un autre nom, comme par exemple *Rabbi Moshé Di León*, de mémoire bénie, ou un autre, alors mon estime pour *Rabbi Moshé de León* aurait été bien plus grande que celle que j'éprouve à l'égard de tous les autres saints *Tannaïm*, y compris *Rachbi*.

Et en vérité, compte tenu de l'extrême profondeur de la Sagesse qui est contenue dans ce Livre, même si j'avais trouvé de façon certaine que son auteur était l'un des quarante-huit prophètes, cela m'aurait parfaitement convenu, plutôt que de l'attribuer à l'un des *Tannaïm*. Et à plus forte raison, si je découvrais que *Moshé* notre Maître l'avait reçu au Mont *Sinaï* de יהו״ה Lui-même, loué soit-Il, alors mon Âme serait complètement apaisée, « car à Lui il convient, car à Lui il sied ».

C'est pourquoi, étant donné que le mérite m'a été accordé d'écrire un commentaire du *Zohar* destiné à toute personne capable de réfléchir, afin qu'elle comprenne un peu ce qui est écrit dans ce Livre, je pense que je suis maintenant complètement dispensé de prendre encore la peine de me pencher sur une telle recherche, car toute personne initiée au *Zohar* n'a aucun doute sur le fait que son auteur ne peut être qu'un homme dont le niveau est inférieur au *Tanna*, le saint *Rachbi* ». Fin de citation.

Dès sa diffusion dans les milieux d'étude de la *Kabbala*, *Le Livre du Zohar* suscita un grand intérêt. Mais c'est surtout à partir de l'expulsion des Juifs d'Espagne en 1492 que sa notoriété se développa bien au-delà des cercles d'érudits.

Un autre facteur important qui favorisa sa renommée dans l'opinion publique fut sa première publication en 1558 à Mantoue en Italie, suivie peu après par celle de Crémone en Italie en 1559. Au fil du temps, de nombreuses éditions du *Livre du Zohar* virent le jour : celle de Lublin en Pologne en 1623, de Sulzbach en Allemagne en 1684, d'Amsterdam en 1715...

Il ne restait plus qu'à commenter un texte qui, à bien des égards, semblait difficile d'accès. C'est ce que firent avec beaucoup de talent les différents kabbalistes qui s'adonnèrent à « déchiffrer » cette œuvre immense.

Les kabbalistes de צְפַת Tsfat (Israël)

Au cours du XVIᵉ siècle, la *Kabbala* connut un véritable essor, tant sur le plan de l'approfondissement des connaissances que sur celui de l'élargissement de son accessibilité à de nouvelles parties de la population. De nombreux Sages contribuèrent à ce nouvel élan, qui donna lieu à une abondante littérature ; parmi eux, on peut citer :

* *Rabbi Yossef Karo* (1488 – 1575), réputé pour ses ouvrages fondamentaux dans le domaine de la *Halakha*. Mais ce Sage est également l'auteur discret de réflexions kabbalistiques qui ont été réunies dans מַגִּיד מֵישָׁרִים « *Le Prédicateur des Justes* », où il fait le récit de ses rencontres avec le *Maguid*, une Force transcendante qui lui transmet différents Secrets liés à la *Tora*.

* *Rabbi Chlomo Ben Moshé HaLevi Alkkabets* (1500 – 1576) qui, outre le célèbre poème לְכָה דוֹדִי « *Viens, mon Ami* », chanté par les différentes communautés lors de l'entrée de chaque *Chabbat*, fut un auteur prolifique qui aborda plusieurs thèmes de la *Kabbala* : בְּרִית הַלֵּוִי « *L'Alliance de Levi* », שֹׁמֵר אֱמוּנִים « *Celui qui reste fidèle* », מַאֲמַר הַזֹּהַר « *Commentaire du Zohar* »…

* *Rabbi Moshé Cordovero* (1522 – 1570) fut l'un des plus grands kabbalistes, et il eut pour disciple *Rabbi Yitshak Louria*. Parmi les nombreux ouvrages qu'il a écrits figurent תֹּמֶר דְּבוֹרָה « *Le Palmier de Devora* », אוֹר יָקָר « *La précieuse Lumière* », אוֹר נֶעֱרָב « *La Lumière du Soir* », פַּרְדֵּס רִמּוֹנִים « *Le Verger de Grenades* » et d'autres livres encore…

* *Rabbi Yitsḥak Ben Chlomo Louria* (1534 – 1572), surnommé הָאֲרִי « le lion » de *Tsfat*. Bien qu'il décéda relativement jeune, à l'âge de trente huit ans, et qu'il ne séjourna à *Tsfat* que pendant deux ans, ses idées ont laissé dans l'univers de la *Kabbala* une empreinte qui est encore présente de nos jours.

On peut constater que l'évolution historique de la *Kabbala* comporte deux périodes distinctes : d'une part, celle qui part du début de la pensée kabbalistique jusqu'aux apports de *Rabbi Moshé Cordovero* ; et d'autre part, la période qui s'étend des enrichissements apportés par le *Arizal* jusqu'à aujourd'hui, avec l'émergence et le développement de la *Ḥassidout*. La principale différence entre ces deux périodes réside dans la perception de la réalité du monde et dans la raison d'être de la Création.

Au cours de la première période, il était admis que la Création est le Témoignage de שְׁלֵמוּת הָאֱלֹקוּת « la Perfection Divine », et que la Délivrance ici-bas consiste à restaurer la réalité du monde à son niveau intitial : celui de la Perfection Divine. Dans la seconde période, le *Arizal* considère que l'Acte de la Création résulte d'un événement qui, bien que voulu, va entraîner des conséquences négatives, c'est-à-dire ce qu'il appelle שְׁבִירַת הַכֵּלִים « la Brisure des Vases ».

Cette approche est présentée de façon plus détaillée dans l'approfondissement ci-dessous, intitulé « La conception novatrice du *Arizal* ».

Selon *Rabbi Eliyahou Ben Chlomo Zalmane*, « le *Gaon de Vilna* », dont les paroles ont été rapportées par *Rabbi*

Ḥayim de Vologine, « Là où se termine la philosophie [la rationalité limitée], commence la *Kabbala* ; et là où se termine la *Kabbala* de *Rabbi Moshé Cordovero*, commence la *Kabbala* du *Arizal* ».

Très peu d'écrits nous sont parvenus de l'œuvre de *Rabbi Yitsḥak Ben Chlomo Louria* ; son principal ouvrage, dont le titre est « La Porte des Paroles de Rachbi », constitue un ensemble de commentaires sur *le Livre du Zohar*.

* *Rabbi Ḥayim Ben Yossef Vital* (1542 – 1620) est considéré comme l'un des principaux disciples du *Arizal*. Il recueillit les paroles que lui-même et d'autres kabbalistes avaient entendues de leur Maître et il les présenta sous une forme ordonnée dans plusieurs livres. On peut citer en particulier : עֵץ חַיִּים « *L'Arbre de Vie* », אוֹצְרוֹת חַיִּים « *Trésors de Vie* » et אָדָם יָשָׁר « *L'Homme droit* ».

* *Rabbi Yossef Ibn Teboul* (1545 ? – 1616) était un élève de *Rabbi Ḥayim Ben Yossef Vital* et de *Rabbi Yossef Ibn Tebboul*, qui étaient l'un et l'autre disciples du *Arizal*. Il avait la capacité de faire découvrir à ses élèves la Source à laquelle était rattachée leur Âme dans leur vie antérieure. Son enseignement avait la particularité d'associer la philosophie et la *Kabbala*. Il est considéré comme celui qui a introduit la *Kabbala* lourianique en Europe et qui a influencé de façon appréciable le mouvement naissant de la *Ḥassidout*. Parmi ses nombreux écrits figurent en particulier : שְׁבָר יוֹסֵף « *La vente de Yossef* », קִצּוּר עוֹלָם הַתִּקּוּן « *Résumé du Monde du Tikkoun* », דְּרוּשׁ הַמַּלְבּוּשׁ « Interpétation midrachique du Vêtement »…

Les idées novatrices du *Arizal*

L'enseignement du « Lion de *Safed* », recueilli par l'un de ses fidèles disciples, *Rabbi Hayim Vital*, fut mis par écrit dans deux livres principaux qui sont : « *L'Arbre de Vie* » et « *Le Fruit de l'Arbre de Vie* ».

La pensée lourianique comprend cinq principes généraux qui reposent largement sur l'interprétation originale du *Livre du Zohar* par le *Arizal* :

1) Le צִמְצוּם *Tsimtsoum* « Rétractation, Contraction » :

Au Commencement de la Création, l'Univers était tout entier rempli de Sa Gloire, et aucun lieu n'était exempt de Sa Présence. Quand, par Sa libre Volonté, *EÏN-SOF*, loué soit-Il, décida de créer le Monde, Il décida – pour ainsi dire – de Se contracter afin de laisser à l'Univers un lieu où Sa Lumière et les כֵּלִים *Kelim* « Vases », Ses « *Sefirot* », pourraient exister.

2) שְׁבִירַת הַכֵּלִים « la Brisure des Vases » :

Dans Sa Volonté de prodiguer le Bien aux créatures, *EÏN-SOF*, loué soit-Il, émit une Lumière abondante, qui se répandit à l'intérieur des Vases. Seules les trois premières *Sefirot* purent résister à cet abondant Influx de Lumière : les sept autres *Sefirot* se brisèrent sous l'effet de la Lumière. À la suite de la Brisure des Vases dans le Monde du תֹּהוּ *Tohou* « Chaos », les fragments brisés se dispersèrent sous forme d'Étincelles de *Kedoucha* parmi les *Klippot* impures : le Bien et le Mal se mélangèrent, de sorte que dans le monde où nous vivons, il n'y a plus de Bien sans Mal ni de Mal sans Bien. Le rôle de l'homme consiste à recueillir les Étincelles de *Kedoucha* qui sont restées prisonnières du Mal et de les élever sur le plan spirituel. Le *Tikkoun* des désordres causés par la Brisure des Vases est rendu possible par l'accomplissement des *Mitsvot*, par la recherche de la pureté des pensées, des paroles et des actions, par le regret sincère de ses fautes et par une *Techouva* complète.

3) Les פַּרְצוּפִים *Partsoufim* « Configurations, Visages » :

Afin de permettre aux fragments brisés de pouvoir à nouveau recueillir la Lumière et de la transmettre aux Mondes inférieurs, הקב״ה créa les *Partsoufim*, ensembles formés de différentes *Sefirot*. Ainsi, la *Sefira Keter* est devenue : אֲרִיךְ אַנְפִּין *Arikh Anpine* « Long Visage ». La *Sefira Ḥokhma* est devenue : אַבָּא *Abba* « Père ». La *Sefira Bina* est devenue : אִמָּא *Imma* « Mère ». La *Sefira Tif'eret* est devenue : זְעֵיר אַנְפִּין *Ze'er Anpine* « Petit Visage » ; ce *Partsouf* comprend six *Sefirot*, qui sont appelées ו' קְצָוֹת *Vav Ketsavot* « Six Extrémités », et il représente une synthèse entre le principe de donner, *Abba* « Père », et celui de recevoir, *Imma* « Mère ». Enfin, la *Sefira Malkhout* est devenue : le *Partsouf* נוּקְבָא *Noukba* « Féminine ».

La Brisure des Vases ne fut pas un accident imprévu ; au contraire, elle avait pour but de permettre le *Tikkoun* individuel et collectif du Monde, afin que celui-ci parvienne au stade ultime de sa plénitude. Si les vases n'avaient pas été brisés et si la Lumière avait continué à s'y répandre indéfiniment, le Monde aurait été entièrement bon, et les hommes auraient ressemblé à des *Mal'akhim*, des Envoyés Célestes. Il n'y aurait eu aucune place pour la liberté de faire le bien ou le mal, et l'homme n'aurait pas pu apprendre à maîtriser ses passions dévorantes et à s'élever de Degré en

Degré pour devenir un véritable Serviteur de 'ה. En d'autres termes, la finalité de la vie et de la Création n'auraient jamais pu être atteintes.

4) Les עוֹלָמוֹת « Mondes » :

Après la Brisure des Vases apparaît le Monde du תִּקּוּן *Tikkoun*, celui de la Réparation de l'emprise du Mal sur le Bien, de l'obscurité sur la Lumière. C'est dans ce cadre que les cinq *Partsoufim* vont avoir un rôle à jouer.

Le Monde du *Tikkoun* n'est pas uniforme : envahi de Lumière et de *Kedoucha* au début, il s'assombrit peu à peu et seules quelques Étincelles de Lumière parviennent encore à briller dans la Nuit. Dans cet Univers spirituel, on distingue :

4a) עוֹלַם הָאֲצִילוּת « le Monde de l'Émanation », dans lequel réside la Lumière EÏN-SOF émise dans le *Partsouf* אַבָּא *Abba*, qui correspond à la *Sefira Ḥokhma*. Ce Monde se caractérise par une annulation totale de l'Être vis-à-vis de la Lumière EÏN-SOF. La *Sefira Malkhout* de *Atsilout* descend pour donner vie aux trois autres Mondes ainsi qu'aux *Nechamot* qui s'y trouvent.

4b) עוֹלַם הַבְּרִיאָה « le Monde de la Création », ainsi appelé parce qu'il est le premier à exister de façon séparée de la Lumière EÏN-SOF. Le *Zohar* l'appelle aussi עוֹלַם הַכִּסֵּא « le Monde du Trône », car il est le Vecteur utilisé par la *Sefira Malkhout* de *Atsilout* pour créer les *Nechamot*. Dans le Monde de la Création, la Lumière EÏN-SOF émane de la *Sefira Bina* de *Atsilout* : le Bien s'y trouve en abondance et le Mal n'y apparaît que de façon éparse. C'est là que résident les *Nechamot* des

Tsaddikim dans le *Gan 'Eden*, ainsi que les *Serafim* « Êtres Célestes » les plus proches du Créateur.

4c) עוֹלָם הַיְצִירָה « le Monde de la Formation » : dans ce Monde, qui émane directement du précédent, la Lumière *EÏN-SOF*, qui provient du *Partsouf Ze'er Anpine* de *Atsilout*, est de plus en plus atténuée. Le Bien et le Mal sont mêlés dans des proportions équivalentes, au point qu'il devient très difficile de distinguer l'un de l'autre. Ce Monde est le Lieu où se trouvent les *Mal'akhim* appelés חַיּוֹת הַקֹּדֶשׁ, qui servent naturellement le Créateur par crainte et par amour, sans qu'ils aient besoin de contempler les Merveilles de la Création.

4d) עוֹלָם הָעֲשִׂיָּה « le Monde de l'Action » : ce Monde reçoit de faibles scintillements de la Lumière *EÏN-SOF*, qui émane de la *Sefira Malkhout* du Monde *Atsilout*. Il est en position inférieure par rapport aux trois autres Mondes. Le Mal domine largement et le Bien est peu ou non ressenti. Le Monde de l'Action comprend deux parties : l'une, entièrement spirituelle, qui est le domaine des *Sefirot*, des *Mal'akhim* et des *Nechamot* de ce Monde ; l'autre, matériel, qui est celui des corps physiques, des particules les plus infimes à l'ensemble de l'Univers ; et il est appelé « ce monde ».

Ces quatre Mondes s'enchaînent et se succèdent : ainsi, à partir de *Noukba* du Monde *Atsilout* apparaît *Arikh Anpine* du Monde *Beriha*, de *Noukba* du Monde *Beriha* apparaît *Arikh Anpine* du Monde *Yetsira*, et ainsi de suite...

5) Le lien entre les *Partsoufim* et les *Nechamot* :

L'Âme de chaque être humain est dotée de la faculté d'accéder à cinq Degrés spirituels qui sont plus ou moins proches de la *Kedoucha* : נֶפֶשׁ « *Nefech* », רוּחַ « *Rouaḥ* », נְשָׁמָה « *Nechama* », חַיָּה « *Ḥaya* », יְחִידָה « *Yeḥida* ».

Nefech correspond à la force de vie, qui est commune aux hommes et aux animaux. *Rouaḥ* correspond au ressenti et aux sentiments, tandis que *Nechama* est le symbole de l'intellect.

Les deux autres Degrés, *Ḥaya* et *Yeḥida*, qui sont très proches de la *Kedoucha*, ne sont pas accessibles à l'homme en ce monde.

Chacun de ces Degrés émane d'un *Partsouf* particulier, comme le montre le tableau ci-dessous :

Yeḥida	⟵⟶	Arikh Anpine
Ḥaya	⟵⟶	Abba
Nechama	⟵⟶	Imma
Rouaḥ	⟵⟶	Ze'er Anpine
Nefech	⟵⟶	Noukba

Ces cinq Degrés de la *Nechama* furent créés au même endroit et au même moment, dans *Adam*, l'Homme primordial. En transgressant la *Mitsva* de ה', *Adam* a provoqué une perturbation dans le Monde des *Nechamot*, ce qui a engendré un désordre complet et une confusion totale, comme cela fut le cas lors de la Brisure des Vases.

Chaque Degré de la *Nechama* fut souillé par les résidus d'une *Nechama* de Degré inférieur.

La partie souillée de chaque Degré de la *Nechama* est appelée dans le langage du *Arizal* : קְלִפָּה *Klippa* « Écorce », terme qui montre que le Mal a pour origine une Source extérieure et étrangère au Degré en partie corrompu par cette *Klippa*.

En raison du mélange entre les Étincelles supérieures et inférieures, certaines Étincelles de *Nechamot* de non-Juifs sont apparues au sein d'Israël, et d'autres *Nechamot* se sont assimilées en s'éloignant de leur Créateur.

Ainsi s'expliquent les phénomènes de conversion de la part de certains non-Juifs, qui sont en fait des Étincelles qui aspirent à retourner à leur origine.

Lorsque toutes les Étincelles de *Kedoucha* seront recueillies parmi les Nations, le Bien reviendra au niveau qui est le sien, et le Mal se transformera en Bien.

Grâce à la תְּשׁוּבָה *Techouva* « le retour vers ה׳ », la גְּאֻלָּה *Gueoulla* « Délivrance » deviendra une réalité, aussi bien au niveau individuel que collectif.

Rabbi Yehouda Lœw, ou Liva, Ben Betsalel

Ce grand penseur est connu sous le surnom מוֹרֵנוּ הַגָּדוֹל רַבִּי לִוָּא que lui donnèrent, en signe d'estime et d'affection, les Juifs de Prague, à savoir : מהר"ל « *Maharal* ». Né en 1512 (?) en Pologne et décédé en 1609 à Prague, le *Maharal* avait, grâce à des capacités exceptionnelles, acquis de nombreuses connaissances, aussi bien dans les différents domaines d'étude de la *Tora* que dans les sciences profanes (philosophie aristotélicienne, mathématiques, astronomie…).

Talmudiste très compétent, il avait également acquis une grande maîtrise des *Midrachim*. Et bien qu'il se soit intéressé de près à la *Kabbala*, en particulier *au Livre du Zohar* (qui fut imprimé pour la première fois à son époque, en 1558), il prit soin de ne pas les évoquer dans ses écrits. Parmi ses principaux ouvrages, on trouve :

* גְּבוּרוֹת ה' « *Les Œuvres puissantes de ה'* », dont le thème est l'esclavage en Égypte et la sortie des *Bnei Israël*.

* תִּפְאֶרֶת יִשְׂרָאֵל « *La Gloire d'Israël* », où il est question de la *Tora*, de sa finalité et de la Révélation Divine.

* נֵצַח יִשְׂרָאֵל « *L'Éternité d'Israël* », qui évoque la destruction du *Beit HaMikdach* ainsi que la Délivrance finale.

Les pouvoirs surnaturels attribués au *Maharal* ont donné naissance à la légende du Golem, créature d'argile qu'il aurait créée afin de défendre les Juifs de Prague contre les accusations mensongères et les exactions dont ils étaient victimes.

Rabbi Moshé Ḥayim Luzzatto

Plus connu sous l'acronyme de son nom, רמח״ל *Ramḥal* (Padoue, Italie 1707 – Yassif, Israël 1746) fut un véritable génie dans le domaine de la *Kabbala* louranique. Il sut à merveille clarifier et exposer ses grands principes ainsi que ses ramifications complexes.

Et pourtant, il fut aussi un incompris et, pour ainsi dire, un pestiféré pour une partie de l'institution rabbinique en Italie.

L'une des raisons de la violente hostilité de certains rabbins à l'encontre de *Ramḥal* était due à la crainte, non fondée, de la résurgence du mouvement déviant fondé par le faux Messie *Chabtaï Zvi*.

Il n'en demeure pas moins que *Ramḥal* fut chassé de sa ville, lui et sa famille, et qu'il fut contraint d'émigrer, d'abord à Francfort, puis à Amsterdam, dans des conditions que l'on a du mal à imaginer.

Après la mort de *Ramḥal*, la qualité exceptionnelle de ses idées et de son œuvre fut enfin reconnue, et son influence prit de plus en plus d'ampleur dans de nombreux cercles d'érudits.

Parmi ces derniers, הגר״א « le *Gaon* de Vilna » (1720 – 1797) fut profondément impressionné par celui qu'il considérait comme son Maître dans le domaine de la *Kabbala*, et dont il fut un fervent défenseur.

Dans son œuvre, *Ramḥal* s'est efforcé de rendre plus explicite le langage du *Arizal* qui s'exprimait principalement sous forme de métaphores et de permutations de lettres. Il est ainsi parvenu à dévoiler la signification profonde de chaque élément particulier ainsi que la perspective globale qui sous-tendait la pensée du *Arizal*.

Selon cette approche, אלהי״ם *ELOKIM* est le Bien, Unique et Absolu. Or, il est dans la nature de Celui Qui est entièrement Bon de prodiguer le Bien Suprême ; ce dernier n'est autre que la Révélation de ce qu'Il a décidé de révéler de Lui-même, et c'est dans ce but que אלהי״ם a créé le Monde. Mais pour que Ses créatures puissent jouir de ce Bien, elles doivent s'attacher à Lui, loué soit-Il. Le עוֹלָם הַבָּא « Monde qui vient » a également été créé, afin que les נְשָׁמוֹת *Nechamot* « Âmes » aient la possibilité de jouir du Plaisir de de Sa Présence.

Pour que ce Plaisir soit complet, il ne faut pas qu'il soit simplement donné, sans aucun mérite de la part de celui qui reçoit, car dans ce cas celui-ci serait semblable à un pauvre qui « mange le pain de la honte », selon l'expression du *Livre du Zohar*. C'est pourquoi le Créateur a mis l'homme dans un monde où le bien et le mal sont mêlés, et il l'a doté de la faculté de choisir : s'il choisit le bien, il pourra se rapprocher de Celui Qui prodigue le Bien. Sinon…

Quand l'homme accomplit les *Mitsvot* comme il convient ainsi que des bonnes actions, il attire sur lui une Abondance Divine de Bienfaits. Mais s'il commet des transgressions et des mauvaises actions, il attire sur lui l'influence négative de Forces impures qui font obstacle à la pénétration de la Lumière Divine à l'intérieur de sa *Nechama*. Étant donné que la finalité de la Création est de prodiguer à l'homme le Plaisir de Sa Révélation, l'homme ne doit avoir d'autre but à atteindre dans sa vie que celui-là.

La Perfection Divine se compose d'une infinité d'Attributs, mais seule l'Unicité du Créateur peut être révélée, car Son Essence « aucune pensée ne peut La concevoir » (*Tikkounei Zohar*).

Rabbi Moshé Ḥayim Luzzatto a été un auteur très fécond, puisque les livres qu'il a écrits se comptent par dizaines. On retiendra parmi les plus importants :

* מְסִלַּת יְשָׁרִים « *Le Sentier des Justes* », qui aborde des sujets d'éthique, l'amélioration des différents caractères de l'Âme et des conseils destinés à se rapprocher du Créateur.

* דֶּרֶךְ ה׳ « La Voie de ה׳ », qui traite des sujets centraux de la pensée juive sous une forme apparemment philosophique mais qui est en fait fortement imprégnée par les conceptions kabbalistiques.

* דַּעַת תְּבוּנוֹת « *La connaissance des raisons* » : écrit sous la forme d'un dialogue entre l'Âme et l'intellect, ce livre expose, dans une perspective kabbalistique, les attentes de ה׳ vis-à-vis de l'homme.

* קל״ח פִּתְחֵי חָכְמָה « *Les 138 Portes de la Sagesse* », qui est une présentation de la méthode du *Ramḥal* à propos de la *Kabbala* lourianique.

* הָאִילָן הַקָּדוֹשׁ « *L'Arbre Saint* », qui est une synthèse des paroles du *Arizal*, selon l'ordre d'enchaînement des Mondes.

Une chaîne ininterrompue...

Un livre entier et volumineux serait nécessaire pour décrire comment chaque kabbaliste au cours des siècles a enrichi par ses apports le vaste domaine de l'intériorité de la *Tora*. C'est la raison pour laquelle seul un bref rappel du nom des principaux Sages est présenté ci-dessous :

❖ *Rav Chalom Mizraḥi Chara'bi* (Yémen 1720 ? – Israël 1782 ?), surnommé הָרָשָׁ"שׁ הַקָּדוֹשׁ « le *Rachach HaKadoch* » et auteur, en particulier, du « Commentaire de שמ"ש [acronyme de son nom : שָׁלוֹם מִזְרָחִי שָׁרְעָבִּי].

❖ *Rav Ḥayim Yossef David Azoulaï* (Israël 1724 – Italie 1806), surnommé הַחִידָא « le *Ḥida* [acronyme de son nom : חַיִּים יוֹסֵף דָּוִד אֲזוּלַאי]». Parmi ses nombreux ouvrages figure le סִדּוּר הַחִידָ"א : un livre de prières qui porte son nom et qui contient de nombreuses *Kavanot* (Intentions du cœur).

❖ *Rabbi Eliyahou Ben Chlomo Zalmane* (Lituanie 1720 – Russie 1797), surnommé הַגָּאוֹן מִוִילְנָה « le *Gaon* de Vilna). Ses commentaires sur le *Livre du Zohar*, *Tikkounei Zohar* et sur le *Sefer Yetsira* sont considérés comme des ouvrages de référence dans le domaine de la *Kabbala*.

❖ *Rabbi Israël Ben Eli'ezer* (Moldavie 1698 – Ukraine 1760), connu sous le nom הבש"ט « *Ba'al Chem Tov* [Celui qui a un bon nom, une bonne réputation] ». Ses enseignements sur la joie, nécessaire pour affronter les malheurs et se rapprocher de ה' firent de lui le fondateur du mouvement de la *Ḥassidout* qui se développa rapidement. Lui-même n'a laissé aucun écrit, mais ses disciples se sont employés à transmettre par de nombreux ouvrages ses enseignements.

❖ *Rabbi Avraham Guerchon de Kitov* (Brody, Galicie 1701 – Jérusalem 1761). Gendre du *Ba'al Chem Tov*, il participa au développement de la *Ḥassidout* en Galicie et en Israël. Comme son beau-père, il ne semble pas avoir laissé d'écrits.

❖ *Rabbi Ḥayim Pinto* (Maroc 1743 – Maroc 1845), réputé pour sa *Kedoucha*, les miracles qu'il réalisait ainsi que pour la réalisation pleine et entière de ses bénédictions. Ses écrits disparurent au cours de la guerre d'Espagne qui survint en 1859 dans la ville d'Essaouira (Mogador) où il avait vécu.

❖ *Rav Yossef Ḥayim* (Bagdad 1835 – Bagdad 1909), surnommé בֶּן אִישׁ חַי « *le fils de l'homme qui vit* », d'après le titre de son ouvrage le plus connu. Parmi la centaine de livres qu'il a écrits dans de multiples domaines, on peut citer אֹרַח חַיִּים « *la Voie de la Vie* » et אוֹת חַיִּים « *le Signe de la Vie* », qui sont fortement inspirés par l'esprit de la *Kabbala*.

❖ *Rav Chlomo Eliyachiv* (Lituanie 1841 – Jérusalem 1926), surnommé הַלֶּשֶׁם « Jacinthe », d'après son principal livre : « Jacinthe, agate et cristal » (*Chemot* 39, 12).

❖ *Rav Salaman Eliyahou* (Irak 1872 – Jérusalem 1940), auteur de l'ouvrage כֶּרֶם שְׁלֹמוֹ « la Vigne de *Chlomo* » sur le livre עֵץ חַיִּים de *Rabbi Ḥayim Vital*.

❖ *Rabbi Yossef Knafo* (Maroc 1823 – Maroc 1901), qui dès sa jeunesse avait acquis des compétences dans l'enseignement de la *Kabbala*. Il fut l'auteur d'un ouvrage d'explications sur le *Livre du Zohar* et sur ses commentateurs : יוֹסֵף בַּסֵּתֶר « *Yossef au Secret* ».

❖ *Rabbi Eli'ezer Zvi Safrine* (Ukraine 1830 – Ukraine 1898), connu pour ses importants commentaires sur le *Livre du Zohar* דַּמֶּשֶׂק אֱלִיעֶזֶר « *Dammessek Eli'ezer* » et sur les *Tikkounei HaZohar* רֹאשׁ בֵּיתוֹ « *Le Seuil de Sa Maison* ».

❖ *Rav Yehouda Leïb HaLevi Ashlag* (Pologne 1886 – Jérusalem 1954), surnommé בַּעַל הַסֻּלָּם « *l'auteur de l'Échelle* » d'après le nom de l'important commentaire (18 volumes) du *Livre du Zohar* qu'il a écrit. Parmi ses nombreux ouvrages figure en particulier תַּלְמוּד עֶשֶׂר הַסְּפִירוֹת « *Le Talmud des dix Sefirot* » (16 volumes), dans lequel le *Rav Ashlag* explique de façon détaillée de nombreux enseignements du *Arizal*, tels qu'ils sont rapportés dans le livre עֵץ חַיִּים « *'Etz Ḥayim* ».

❖ *Rav Reouven Margaliyot* (Galicie 1889 – Israël 1971), auteur de nombreux ouvrages dont, en particulier : סֵפֶר הַזֹּהַר, עִם נִיצוֹצֵי זֹהַר « *Les Portes du Zohar* », שַׁעֲרֵי זֹהַר « *Le Livre du Zohar, avec Étincelles de Zohar* »…

❖ *Rav Yitsḥak Kadouri* (Bagdad 1898 – Jérusalem 2006), surnommé זְקַן הַמְקֻבָּלִים « *l'ancien des kabbalistes* », auteur d'un ouvrage en cinq volumes intitulé פִּתְחֵי עוֹלָם « *Les Entrées du Monde* ».

Cette présentation de plusieurs Sages qui ont œuvré dans le domaine de la *Kabbala* ne prétend nullement à l'exhaustivité : elle montre cependant que, quels que soient le lieu et l'époque, la *Nechama* de la *Tora* a toujours exercé un attrait sur des esprits éclairés.

Rav Daniel Frisch

Le commentaire מָתוֹק מִדְּבַשׁ *Matok MiDvach* « Plus doux que le miel » sur le *Livre du Zohar* n'aurait pas vu le jour sans la détermination inlassable de *Rav Daniel Frisch* (Hongrie 1935 – Jérusalem 2005).

Et pourtant, son enfance marquée par des malheurs ne le prédisposait pas à devenir plus tard un גָּדוֹל « Grand » dans la connaissance approfondie de la *Tora*.

À peine âgé de trois ans, il devint subitement orphelin de sa mère. Il est très difficile d'imaginer l'immense chagrin que peut éprouver un enfant qui, contrairement à ses petits camarades, grandit sans avoir la possibilité de se réfugier dans les bras et l'amour de sa mère bienveillante.

En 1940, alors qu'il a tout juste cinq ans, la Hongrie s'allie à l'Allemagne et commence à appliquer la politique nazie de poursuites et d'exactions contre les Juifs. Au cours de la guerre contre l'Union soviétique, le pays engage discrètement des négociations avec les États-Unis et le Royaume-Uni en vue de conclure un armistice.

Considérant qu'il s'agissait là d'une trahison, le Führer décida, en mars 1944, d'occuper la Hongrie. Le sort de la population juive devint de plus en plus tragique, et le jeune enfant se trouva confronté, jour et nuit, à l'angoisse permanente d'être emporté dans les rafles qui se multipliaient. Cependant, la peur d'être pris finit par se réaliser et, à l'âge de neuf ans, il se retrouva avec d'autres malheureux dans un wagon bondé et plombé à destination d'Auschwitz.

Le témoignage de *Rav Daniel Frisch* sur ces événements montre à quel point sa *Emouna* peu commune était restée intacte : « Le train s'arrêta pendant quelques heures, et ensuite il commença à repartir dans le sens inverse, en direction de la Hongrie. Certains diront que les rails ont été bombardés, mais moi je dis que le Maître du Monde n'a pas voulu que nous arrivions là-bas ».

Il n'en demeure pas moins qu'entre mars 1944 et février 1945, près de 600 000 Juifs hongrois furent déportés et massacrés dans des conditions atroces.

À partir de 1952, alors qu'il n'a que 17 ans, la vie du jeune Daniel connaît un tournant décisif avec son immigration en Israël. Il choisit d'habiter dans le quartier de *Mea Che'arim* à Jérusalem, au sein de la *Ḥassidout Toledot Aharon*, réputée pour son ultra-orthodoxie. Là, il consacre ses jours et la majeure partie de ses nuits à approfondir ses connaissances, sous l'orientation de son Maître : *Rav Avraham Kahane* (Tsfat 1914 – Jérusalem 1996), auteur du livre דִּבְרֵי אֱמוּנָה « Paroles d'*Emouna* ».

Grâce à la constance de ses efforts et à la qualité exceptionnelle de ses aptitudes, *Rav Daniel Frisch* fut rapidement considéré comme un תַּלְמִיד־חָכָם *Talmid Ḥakham* « Sage ». Et c'est sur la recommandation de son Maître qu'il entreprend de traduire et de commenter le *Livre du Zohar*. Ce travail monumental occupera de nombreuses années de sa vie, jusqu'au jour où sera éditée son œuvre exceptionnelle : *Matok MiDvach* sur le *Livre du Zohar*.

Mais un *Tsaddik* ne s'arrête jamais, et *Rav Daniel Frisch* sera également l'auteur de plusieurs autres livres, en particulier :

* מָתוֹק מִדְּבַשׁ עַל תִּקּוּנֵי זֹהַר « *Plus doux que le miel sur le livre 'Compléments du Zohar'* ».

* מָתוֹק מִדְּבַשׁ עַל זֹהַר חָדָשׁ « *Plus doux que le miel sur le livre 'Nouveau Zohar'* ».

* מָתוֹק מִדְּבַשׁ עַל סֵפֶר אוֹצְרוֹת חַיִּים « *Plus doux que le miel sur le livre 'Trésors de Vie'* » de *Rabbi Ḥayim Vital*.

* מָתוֹק מִדְּבַשׁ עַל סֵפֶר שַׁעַר הַכַּוָּנוֹת « *Plus doux que le miel sur le livre 'Porte des Intentions'* » de *Rabbi Ḥayim Vital*.

Une telle œuvre n'aurait pas été rendue possible sans un travail quasiment surhumain ; et ceci, d'autant plus que le *Rav* souffrait depuis de longues années d'une forme grave de rhumatismes qui avait entraîné la déformation des doigts de ses mains. Mais aucune épreuve, quelle que soit la douleur qui puisse en résulter, ne pouvait porter atteinte à sa *Emouna* dans la Bonté de ה', loué soit-Il.

Lorsqu'un homme est doté de qualités exceptionnelles, il peut arriver qu'il soit tenté d'avoir une certaine estime de lui-même, qu'il l'extériorise ou non. Après tout, s'il se compare aux autres, n'est-il pas plus doué ? Au contraire, le *Rav Daniel Frisch* recherchait la discrétion par tous les moyens.

Car il savait que « … le Sage ne doit pas se glorifier de sa Sagesse… mais que celui qui veut se glorifier , se glorifie de ceci : de Me comprendre et de Me connaître, car Je suis יהו"ה… » *(Yirmeyahou 9, 23-23)*.

Le commentaire *Matok MiDvach*

מאמר מצות לימוד התורה

(א) פְּקוּדָא לִלְמוֹד תּוֹרָה בְּכָל יוֹמָא, דְּאִיהוּ רָזָא דִּמְהֵימְנוּתָא עִלָּאָה, לְמִנְדַּע אָרְחֵיהּ דְּקֻדְשָׁא בְּרִיךְ הוּא, דְּכָל מַאן דְּאִשְׁתַּדַּל בְּאוֹרַיְיתָא, זָכֵי בְּהַאי עָלְמָא, וְזָכֵי בְּעָלְמָא דְּאָתֵי, וְאִשְׁתְּזִיב מִכָּל קַטְרוּגִין בִּישִׁין, בְּגִין דְּאוֹרַיְיתָא רָזָא דִּמְהֵימְנוּתָא אִיהִי, דְּמַאן דְּאִתְעַסַּק בָּהּ, אִתְעַסַּק בִּמְהֵימְנוּתָא עִלָּאָה, וְקֻדְשָׁא בְּרִיךְ הוּא אַשְׁרֵי שְׁכִינְתֵּיהּ בְּגַוֵּיהּ דְּלָא תַעֲדֵי מִנֵּיהּ.

מתוק מדבש

"מאמר מצות לימוד התורה" ומבואר בו כי התורה ניתנה כדי שעל ידה נדע איך לעבוד את השם, ושמעלת לימוד התורה גדולה יותר מכל המצות, ומבאר שצריך האדם לרדוף אחר מי שיודע דבר תורה כדי שילמדהו, ומי שעוסק בתורה בעולם הזה זוכה שגם בגן עדן לומד תורה, ושפתותיו דובבות בקבר.

(מקור המאמר בזהר פרשת תרומה בדעיא מהימנא דף קנ"ד ע"ב, ובביאור מתוק מדבש כרך ז עמ' קפ-קפג).

פְּקוּדָא לִלְמוֹד תּוֹרָה בְּכָל יוֹמָא מצוה ללמוד תורה בכל יום תמיד, דְּאִיהִי רָזָא עִלָּאָה (ס"ג הרמ"ק) כי התורה היא סוד עליון שגלה הקב"ה לישראל לְמִנְדַּע אָרְחֵיהּ דְּקֻדְשָׁא בְּרִיךְ הוּא לדעת את דרכיו של הקב"ה איך יתקדשו ויעבדוהו, כי על ידי לימוד התורה ידע האדם כלל עבודתו ופרטי מצותיו, דְּכָל מַאן דְּאִשְׁתַּדַּל בְּאוֹרַיְיתָא זָכֵי בְּהַאי עָלְמָא וְזָכֵי בְּעָלְמָא דְּאָתֵי כי כל מי שעוסק בתורה זוכה בעולם הזה, וזוכה בעולם הבא, כמאמר חז"ל שהתורה היא אחד מהדברים שהאדם אוכל פירותיהן בעולם הזה והקרן קיימת לו לעולם הבא, וְאִשְׁתְּזִיב מִכָּל קַטְרוּגִין בִּישִׁין וניצול מכל מקטרגים רעים, בין בעולם הזה מהגרים והמזיקים והמחבלים, ובין בעולם הבא שניצול ממלאכי חבלה המקטרגים עליו אחר פטירתו, והטעם לאלו התועליות בְּגִין דְּאוֹרַיְיתָא רָזָא דִּמְהֵימְנוּתָא אִיהִי לפי שהתורה היא סוד האמונה, כלומר היא ענין רוחני הנמשך מהאלהות מלמעלה עד בני אדם התחתונים, דְּמַאן דְּאִתְעַסַּק בָּהּ אִתְעַסַּק בִּמְהֵימְנוּתָא עִלָּאָה שמי שעוסק בה הוא עוסק באמונה העליונה, שמקשר כל העולמות מכתר עליון עד הגשם הכלה והנפסד, לכן הוא זוכה לכל טוב וניצל מכל מקטרגים רעים, כמאמר חז"ל כל המקבל עליו עול תורה פורקים ממנו עול מלכות ועול דרך ארץ, וְקֻדְשָׁא בְּרִיךְ הוּא אַשְׁרֵי שְׁכִינְתֵּיהּ בְּגַוֵּיהּ דְּלָא תַעֲדֵי מִנֵּיהּ והקב"ה משרה שכינתו בתוכו בתמידות שלא תסור ממנו לעולם, מה שאין כן בשאר העבודות והמצות שהאדם עושה, שבהם אין השכינה שורה עליו אלא בשעת העבודה לבד.

Exemple d'une page

du commentaire *Matok MiDvach*

Approfondissements

Depuis la publication du *Livre du Zohar*, un certain nombre de commentaires approfondis, écrits par des kabbalistes de renom, sont apparus à différentes époques. Quelle était donc l'intention de *Rav Daniel Frisch* lorsqu'il a entrepris de rédiger *Matok MiDvach* « Plus doux que le miel » ?

À cette question, le Rav répond qu'il a voulu présenter « un commentaire concis ayant pour but d'approfondir chaque passage difficile du *Livre du Zohar*, selon les paroles de nos Maîtres qui ont expliqué le *Zohar*. [Et ce commentaire sera proposé] dans un langage simple et concis, afin de faciliter l'approche de ceux qui veulent étudier la *Tora* de הי, le saint *Livre du Zohar*. Ils pourront ainsi comprendre, percevoir et 'goûter le goût des gouttelettes de rayons de miel' : la douceur de la Sainteté du *Zohar* ».

Traduire et commenter dans un langage accessible l'ensemble du *Livre du Zohar*, y compris ses passages les plus difficiles, est une œuvre immense que personne auparavant n'avait vraiment réussi à réaliser. Les commentaires précédents, dignes de ce nom, étaient tous de grande qualité, mais ils s'adressaient principalement à des initiés. Il manquait donc une pierre à l'édifice.

C'est ce qu'exprimait le grand kabbaliste *Rabbi Eli'ezer Tsvi Safrine* de *Kamarna* (Ukraine), auteur de l'important commentaire דַּמֶּשֶׂק אֱלִיעֶזֶר « *Dammessek Eli'ezer* » : « J'ai entendu de mon père – que son mérite nous protège –, qui a entendu de notre Maître *Ya'akov Yitshak Ben Mahtil* de Lublin (Pologne), que celui-ci avait vivement souhaité qu'il y ait quelque part quelqu'un qui pourrait expliquer avec simplicité les paroles du saint *Zohar* partout où cela serait possible. Et moi aussi, j'ai entendu de la part du *Tsaddik* et *Gaon*, *Rav Tsvi* – que sa mémoire soit bénie – de *Liska* (Hongrie) qu'il aurait aimé voir de ses propres yeux un commentaire sur le saint *Zohar* qui soit écrit de façon très simple, dans tous les passages où cela est possible. Et cela, afin que chacun, parmi les *Bnei Israël*, puisse s'attacher aux Paroles du *Zohar*. Car il est bien connu que l'attachement au Créateur, loué soit-Il, s'acquiert principalement et avec joie par l'étude des Paroles du *Zohar*… ».

Grâce aux efforts inlassables de *Rav Daniel Frisch*, le désir de ces grands Maîtres est aujourd'hui réalisé, et chaque personne qui a une connaissance courante de l'hébreu peut découvrir les Trésors qui sont enfouis dans les méandres du *Livre du Zohar*. Il n'est pas du tout question de prétendre rivaliser avec les commentaires précédents de grande qualité, mais simplement de permettre à chacun de surmonter les difficultés inhérentes au langage du *Zohar*, et de favoriser l'épanouissement de son Âme.

Le titre donné à ce commentaire semble de prime abord surprenant. Mais là aussi, il convient de se reporter aux paroles du *Rav* : « J'ai appelé ce commentaire מָתוֹק מִדְּבַשׁ *Matok MiDvach* « Plus doux que le miel » en allusion à mon nom et à celui de ma mère – qu'elle ait une longue vie : – דָּנִיאֵל בֶּן שָׂרָה ; et aussi, [l'expression] פֵּירוּשׁ מָתוֹק מִדְּבַשׁ a la même valeur numérique que celles de mon nom et du nom de mon père, de mémoire bénie : הַצָּעִיר דָּנִיאֵל בֶּן נַפְתָּלִי הֶרְצְקָא (1488), le compte de l'un est égal au compte de l'autre ».

Des sources fiables

Matok MiDvach représente la synthèse de treize célèbres commentaires classiques du *Livre du Zohar*, auxquels s'ajoutent un certain nombre d'ouvrages édités récemment. Les noms des treize commentaires sont les suivants :

❖ Le livre אוֹר הַחַמָּה « *La Lumière du Soleil* » de *Rabbi Avraham Azoulaï*, accompagné du commentaire intitulé אוֹר יָקָר « *La précieuse Lumière* » qui avait été écrit précédemment par *Rabbi Moshé Cordovero*.

❖ Le livre אוֹר הַחַמָּה « *La Lumière du Soleil* », accompagné du commentaire précédent sur le *Livre du Zohar* de *Ḥayim Vital*.

❖ Le livre אוֹר הַחַמָּה « *La Lumière du Soleil* », accompagné du commentaire précédent sur le *Livre du Zohar* de *Rabbi Avraham Galanti*.

❖ Le livre כֶּתֶם פָּז « *L'or pur* » de *Rabbi Chim'on Lavi*.

❖ Le livre מִקְדַּשׁ מֶלֶךְ « *Le Sanctuaire du Roi* » de *Rabbi Chalom Bouzaglo*.

❖ Le livre מַאַמְרֵי רשב״י « *Paroles de Rachbi* » du *Arizal*.

❖ Le livre זֹהַר הָרָקִיעַ « *L' Éclat du Firmament* » du *Arizal* et de ses disciples.

❖ Le livre שְׁעַת רָצוֹן « *L'instant de la Volonté* » de *Rabbi Chlomo HaCohen*.

❖ Le livre עֲטֶרֶת צְבִי « *La Couronne de Tsvi* » de *Rabbi Tvi de Ziditchov*.

❖ Le livre זֹהַר חַי « *Le Zohar vivant* » de *Rabbi Yitsḥak Eïsik de Kamarna*.

❖ Le livre יָהֵל אוֹר « *Que brille la Lumière* » de *Rabbi Eliyahou de Vilna*.

❖ Le livre קַרְנֵי אוֹר « *Rayons de Lumière* » de *Rabbi Alexander Zisskind*.

❖ Le livre נֶפֶשׁ דָּוִד « *L'Âme de David* » de *Rabbi David Louria*.

Les différents textes que le *Rav Daniel Frisch* a soigneusement sélectionnés ont été ensuite reformulés, pour qu'ils soient plus courts et plus accessibles aux lecteurs qui ne disposent pas encore des connaissances nécessaires à une étude approfondie du *Livre du Zohar*.

Pourquoi étudier le *Zohar* ?

De nombreux Sages en Orient et en Occident ont beaucoup insisté sur l'importance d'étudier la *Kabbala* en général et le *Livre du Zohar* en particulier :

« Et parce qu'à l'avenir Israël goûtera de l'Arbre de Vie, qui est le *Livre du Zohar*, grâce à lui ils sortiront de l'exil ».

Rabbi Chim'on Bar Yohaï (70 – 163)

« Malheur à ceux qui ne veulent pas étudier le *Zohar*, parce qu'ils provoquent dans le monde l'apparition de la pauvreté, des guerres et des catastrophes ».

Tikkounei HaZohar, Tikkoun 30

« Et jamais nous n'aurions eu la force d'enlever les *Levouchim* qui recouvrent la *Tora*, sans *Rabbi Chim'on Bar Yohaï*, de mémoire bénie, ainsi que ses compagnons ».

Rabbi Moshé Cordovero (1522 – 1570)

« J'ai trouvé un écrit d'après lequel le Décret pris là-Haut qu'il ne fallait pas étudier la Sagesse de Vérité [la *Kabbala*] de façon visible ne concernait qu'un temps limité, jusqu'à l'année 1489. Ensuite, le Décret a été retiré et la permission a été donnée d'étudier le *Livre du Zohar*. Et à partir de l'année 1539, c'est une *Mitsva* très importante de l'étudier en public, que l'on soit grand ou petit… Et grâce au mérite de cette *Mitsva*, et non d'une autre *Mitsva*, le Roi *Machïaḥ* viendra. Il ne faut donc pas la négliger ».

Rabbi Avraham Azoulaï (1570 – 1643)

« Et même si les Paroles [du *Livre du Zohar*] semblent closes et scellées, ne t'abstiens pas de les lire.

« Celui qui n'a pas eu [jusqu'à présent] le mérite de comprendre le *Zohar*, qu'il continue quand même d'étudier, car le langage du *Zohar* purifie l'Âme ».

Rabbi Meïr Paprich (1624 – 1662)

« [Lire et] étudier le *Zohar* dans le texte [seulement, sans explications] permet de construire des Mondes [dans la *Nechama*] ; et à plus forte raison, s'il a le mérite d'étudier et de comprendre le sens d'un passage, il réalise là-Haut un *Tikkoun* en un seul instant, ce qu'il ne fera pas avec l'étude du sens simple en une année entière ».

Rabbi Chalom Bouzaglo (1700 – 1780)

« La perception [de la Vérité] commence par la partie dissimulée de la *Tora* [la *Kabbala*], et ce n'est qu'ensuite que l'on comprend mieux les autres parties de la *Tora* [les allusions et les allégories]. Et à la fin, on perçoit la *Tora* apparente ».

« La Délivrance et la venue du *Machïaḥ* ne dépendent que de l'étude de la *Kabbala* ».

Rabbi Eliyahou Ben Chlomo Zalmane (1720 – 1797)

« L'étude du *Livre du Zohar* permet de s'élever, plus que toute autre étude, même si celui qui étudie ne sait pas de quoi il [le Livre] parle, car c'est un grand *Tikkoun* pour la *Nechama* ».

Rabbi Yossef David Azoulaï (1724 – 1806)

« Qu'il étudie les livres de *Kabbala*, et même s'il ne comprend pas, qu'il prononce [à voix haute] des Paroles du *Zohar* et des *Tikkounim*, car elles sont aptes à purifier la *Nechama* ».

Rabbi Ya'akov Kapil Lifchitz (1740 – 1787)

« Le langage du *Zohar* est apte à [élever] la *Nechama*, même s'il ne comprend pas ce qu'il dit. C'est comme celui qui entre dans un magasin de parfums : bien qu'il n'ait rien acheté, quoi qu'il en soit il en ressort avec un arôme de parfum sur lui ».

Rabbi Moshé Ḥayim Efrayim de Sodilkov (1742 – 1800)

« Il y a dans l'étude du *Livre du Zohar* un immense pouvoir pour purifier l'Âme et la sanctifier ; et même si celui qui le lit ne le comprend pas toujours et qu'il fait de nombreuses fautes, [qu'il sache que son étude] est importante devant הקב״ה ».

Rabbi Eli'ezer Papo (1786 – 1827)

« Les lettres et le mode d'expression du *Zohar* permettent de relier l'homme à Celui Qui est appelé אֵי״ן סוֹ״ף 'SANS FIN', loué soit-Il ».

Rabbi Israël Dov Ber de Velidnyky (1789 – 1850)

« Et il convient de s'attacher à étudier chaque jour cinq pages du *Zohar*, car cela est très bon et c'est un excellent *Tikkoun* pour l'Âme, afin de lui donner de la Lumière, de la purifier et de lui rendre sa beauté… ».

« Si [les Juifs] de ma génération écoutaient ma voix, depuis l'âge de neuf ans ils devraient étudier le *Livre du Zohar* ; et ainsi, il apprendrait la crainte du Ciel plutôt que des connaissances superficielles ».

Rabbi Eïsik Yitsḥak Yehouda Yeḥiel de Komarna
(1806 – 1874)

« En ce qui concerne l'étude du *Zohar*, il n'y a absolument aucune limitation [d'âge] ».

« Que celui qui étudie le *Zohar* fasse bien attention à chaque mot, car de chaque lettre il est possible d'apprendre quelque chose de nouveau ; et des Paroles qui semblent avoir un sens simple relèvent en fait du Secret ».

Rabbi Israël Meïr HaCohen (1839 – 1933)

« Le langage du *Zohar* éveille [la *Emouna*] plus que toutes les paroles de nos Sages, de mémoire bénie ».

Rabbi Avraham Yecha'yahou Karlitz (1878 – 1953)

« Il est impossible que l'ensemble du Peuple juif parvienne à ce Degré élevé de Pureté [requis par la *Tora*] sans l'étude de la *Kabbala* qui est la voie la plus simple, suffisante [à elle seule] même pour ceux qui n'ont pas beaucoup de capacités. Mais cela n'est pas le cas en ce qui concerne la seule étude de la *Tora* apparente ; car avec elle, il est impossible, hormis quelques êtres d'exception et encore avec beaucoup d'efforts, de parvenir [à ce Degré], mais certainement pas pour le plus grand nombre ».

Rabbi Yehouda Leïb HaLevi Ashlag (1886 – 1954)

Donner vie à l'étude de la *Tora*

Dans le *Livre du Zohar* apparaît fréquemment l'expression לְאִשְׁתַּדְּלָא בְּאוֹרַיְיתָא, dont la traduction littérale est « s'efforcer dans la *Tora* » : comment faut-il interpréter cette expression sibylline ?

Nombreux sont ceux qui pensent sincèrement qu'il s'agit d'augmenter autant que possible le temps consacré à l'étude de la *Tora*. Et c'est effectivement ce qui peut en général être constaté parmi ceux qui fréquentent les lieux d'étude tels que des *Yechivot*. Le *Livre du Zohar* lui-même semble conforter cette approche, quand il ajoute parfois à l'expression ci-dessus les mots יְמָמָא וְלֵילֵי « jour et nuit ». En d'autres termes, l'aspect quantitatif, représenté par la durée du temps passé à étudier, le nombre de pages de *Guemara* et de commentaires..., est considéré comme le critère essentiel que tout bon serviteur de ה' doit s'efforcer de respecter.

En réalité, si la quantité est nécessaire, elle n'est pas suffisante. Et c'est ce que le *Livre du Zohar* laisse entendre quand il s'exprime d'une façon qui invite à réfléchir : « s'efforcer... dans la *Tora* ». Mais s'efforcer de quoi ?

À cette question, *Rav Daniel Frisch* apporte une réponse riche d'enseignements, sous forme d'un commentaire qu'il a jugé utile de présenter dès les premières pages du *Livre du Zohar* (I 4b) : « ... s'efforcer, c'est-à-dire לְעַיֵּן 'approfondir' et לְחַדֵּשׁ 'renouveler et découvrir de nouveaux enseignements' ». Autrement dit : approfondir *afin* de renouveler...

Ici, il n'est plus question de quantité mais de qualité de l'étude, et de sa finalité. La *Tora* n'est plus perçue comme une lettre morte que l'on range après l'avoir lue.

Elle devient partie intégrante de celui qui, en l'approfondissant, y trouve des Trésors dissimulés et qui ne veut plus (et ne peut plus) s'en séparer.

Maintenant, la *Tora* vit grâce à celui qui découvre à l'intérieur de ses mots et ses versets écrits il y a plus de 3 300 ans un sens profond qui l'enrichit autant qu'elle le transforme.

Les חִדּוּשֵׁי תּוֹרָה *Ḥiddouchei Tora* « nouvelles interprétations de la *Tora* » sont, dans la mesure où elles s'inscrivent dans le cadre de la Tradition, non seulement permises mais aussi recommandées. Le *Livre du Zohar* nous enseigne *(I 4b)* que, dans le Monde אֲצִילוּת *Atsilout* « Émanation », ces nouvelles interprétations de la *Tora* sont écoutées avec Plaisir par הקב״ה, représenté par *Ze'er Anpine*.

Le *Talmud* énonce clairement « qu'il ne saurait y avoir de *Beit Midrach* sans *Ḥiddouch* » *(Ḥaguiga 3a)*. Et pour expliquer le rôle des *Ḥiddouchei Tora* dans les Mondes supérieurs, le *Livre du Zohar (I 5a)* se réfère au verset : « Car comme les Cieux nouveaux et la Terre nouvelle que Je fais [en permanence, grâce à vos paroles] subsistent devant moi, dit יהו״ה, ainsi subsisteront votre postérité et votre nom » *(Yecha'yahou 66, 22)* : grâce aux nouvelles interprétations que vous faites concernant les Secrets de la *Tora*, de nouveaux Cieux sont formés ; et grâce à celles que vous faites concernant le sens simple de la *Tora*, de nouvelles Terres sont formées.

Notions de base

La *Kabbala* est appelée חָכְמַת הָאֱמֶת « Sagesse de la Vérité », parce qu'elle évoque Celui Qui est appelé אֱמֶת « Vérité ».

Ceci dit, pour s'élever progressivement au sein de cette Sagesse, il faut connaître au préalable quelques définitions simples des mots et des concepts essentiels.

Ceux-ci constituent le socle sur lequel sont fondées les explications de l'Univers de la *Kabbala*.

Il existe un certain nombre de livres qui permettent d'acquérir les clés indispensables à l'étude du *Livre du Zohar*.

Parmi ces écrits, nous avons choisi de présenter ici quelques extraits de l'ouvrage intitulé מְסִלּוֹת חָכְמָה *Sentiers de Sagesse*, rédigé par *Rabbi Meïr Paprich* (Pologne 1624 – Israël 1662) et édité pour la première fois en 1785.

Il convient de se souvenir que cet éminent kabbaliste a été très influencé par le *Arizal*, *Rabbi Yitsḥak Louria* (*Jérusalem* 1534 – *Safed* 1572) et que la pensée qu'il développe ici est fortement influencée par celle de son Maître.

Voici donc un résumé des écrits de *Rabbi Meïr Paprich* :

Lorsque s'éleva dans Sa Volonté simple[1], loué soit-Il, [l'Idée] de créer le Monde[2], afin de prodiguer le Bien[3] à Ses créatures, Il a vu qu'il n'était pas possible que les êtres[4] d'en bas puissent percevoir l'Essence de אוֹרוֹ « Sa Lumière » Grande et Suprême[5]. C'est Pourquoi Il fit émaner dix סְפִרוֹת *Sefirot*[6], afin que grâce à elles Sa Lumière et Sa Bonté puissent se révéler aux êtres d'en bas.

En effet, grâce à l'atténuation graduelle de cette Lumière, de כְּלִי « *Keli* » en *Keli*[7] jusqu'au dernier, les créatures peuvent la recevoir et en profiter. Tu peux prendre comme exemple la lumière du soleil, qu'il est impossible de regarder sans un מָסָךְ « Écran » qui remplit un rôle de séparateur.

Il en est de même, à plus forte raison, des milliers et des milliers de fois bien plus, en ce qui concerne la Lumière d'en Haut, dont il est impossible d'atteindre et de percevoir Son Essence, autrement que par des לְבוּשִׁים « Vêtements » représentés par les dix *Sefirot*, qui sont les suivantes :

---

[1] Sa Volonté simple : une, entière et parfaite, sans aucune limite, début ni fin.
[2] Le Monde : spirituel.
[3] Afin de prodiguer le Bien : Sa Lumière, c'est-à-dire Sa Révélation, afin de procurer un Infini Plaisir à Ses créatures.
[4] Les êtres : les Âmes.
[5] Il n'était pas possible que les êtres d'en bas puissent atteindre l'Essence de Sa Lumière Grande et Suprême : si dès le début de la Création, Sa Lumière avait été perçue par Ses créatures, celles-ci n'auraient eu aucune liberté de choix, ni aucune volonté de s'élever sur le plan spirituel.
[6] Dix *Sefirot* : dix Émanations de Lumière, unies par la même Volonté de prodiguer le Bien.
[7] *Keli* : Réceptacle apte à recevoir la Lumière.

בֶּתֶר
Keter

בִּנָה　　　　　　　　　　חָכְמָה
Bina　　　　　　　　　　Hokhma

גְּבוּרָה　　　　　　　　　חֶסֶד
Guevoura　　　　　　　　Hessed

תִּפְאֶרֶת
Tif'eret

הוֹד　　　　　　　　　　נֶצַח
Hod　　　　　　　　　　Netsah

יְסוֹד
Yessod

מַלְכוּת
Malkhout

Parmi ces dix *Sefirot*, cinq d'entre elles sont considérées comme principales, à savoir :

בֶּתֶר
Keter

בִּנָה　　　　　　　　　　חָכְמָה
Bina　　　　　　　　　　Hokhma

תִּפְאֶרֶת
Tif'eret

מַלְכוּת
Malkhout

Ces *Sefirot* principales se composent elles-mêmes de plusieurs *Sefirot* (dix, en général) et ainsi, elles se transforment en cinq פַּרְצוּפִים *Partsoufim*[1] « Visages » :

1) אֲרִיךְ אַנְפִּין *Arikh Anpine* : litt. : « Long Visage ». Ce *Partsouf* correspond à la *Sefira Keter*.

2) אַבָּא *Abba* : litt. : « Père », qui correspond à la *Sefira Ḥokhma*.

3) אִמָּא *Imma* : litt. : « Mère », qui correspond à la *Sefira Bina*.

4) זְעֵיר אַנְפִּין *Ze'er Anpine* : litt. : « Petit Visage », qui correspond à la *Sefira Tif'eret*. Ce *Partsouf* comprend six *Sefirot*, qui sont appelées ו' קְצָוֹת *Vav Ketsavot*, c'est-à-dire : « Six Extrémités ».

5) נוּקְבָּא *Noukba* : litt. : « Féminine », qui correspond à la *Sefira Malkhout*.

Par ailleurs, à chaque lettre י' ה' ו' ה' du NOM Qui est קֹדֶשׁ *Kodech* « Sacré » correspond une *Sefira* :

* La pointe située sur la lettre י correspond à *Keter*.

* La lettre י' correspond à *Ḥokhma*.

* La première lettre ה' correspond à *Bina*.

* La lettre ו' correspond à *Tif'eret*.

* Et la dernière lettre ה' correspond à *Malkhout*.

---

[1] *Partsoufim* : Degrés spirituels formés par un ensemble de dix *Sefirot* ou une partie d'entre elles.

Selon la méthode appelée גִּימַטְרִיָּה *Guimatriya*, chaque lettre de l'alphabet a une valeur numérique : א' = 1, ב' = 2, ג' = 3... Et quand on ajoute la valeur de chaque lettre d'un mot, on peut tirer un enseignement.

Exemple : la valeur numérique de אחד « Un » est égale à 13. Celle de אהבה « amour » est aussi égale à 13. Ce qui permet de déduire que Celui Qui est Un est synonyme d'Amour. Et si l'on ajoute les deux valeurs numériques précédentes, on obtient 26, c'est-à-dire la valeur numérique du NOM du Créateur : יהו״ה.

Une autre méthode d'analyse consiste à « compléter » une lettre par les lettres qui la composent. Par exemple, א' peut, sous sa forme « complète », être écrit אלף. La lettre ה' peut être « complétée » de 3 façons : ה״י, ה״ה ou ה״א.

De la même manière, le NOM יהו״ה peut être « complété » comme suit :

* Avec la lettre י', on obtient : יו״ד ה״י וי״ו ה״י, dont la valeur numérique est égale à 72 = ע״ב.

* Avec les lettres י' et א', on obtient : יו״ד ה״י וא״ו ה״י, dont la valeur numérique est égale à 63 = ס״ג.

* Avec la lettre ו', on obtient : יו״ד ה״א וא״ו ה״א, dont la valeur numérique est égale à 45 = מ״ה.

* Et avec la lettre ה', on obtient : יו״ד ה״ה ו״ו ה״ה, dont la valeur numérique est égale à 52 = ב״ן.

Ces quatre « complétions » du NOM correspondent à quatre *Sefirot* :

י׳	ה׳	ו׳	ה׳
72	63	45	52
חָכְמָה	בִּינָה	תִּפְאֶרֶת	מַלְכוּת

Les ג׳ רִאשׁוֹנוֹת trois premières *Sefirotes*, *Keter Ḥokhma* et *Bina*, sont appelées מוֹחִין *Moḥines* : litt. : « Cerveaux ». Celles-ci échappent à notre perception, comme il est écrit : « הַנִּסְתָּרֹת 'Les choses dissimulées' [appartiennent] à יהו״ה... » *(Devarim 29, 28)*.

Puis apparaissent les ז׳ תַּחְתּוֹנוֹת sept *Sefirot* inférieures : *Ḥessed, Guevoura, Tiferet, Netsaḥ, Hod, Yessod* et *Malkhout*. Ensemble, elles forment ce que l'on appelle les מִדּוֹת « Mesures, ou Attributs », avec lesquels ה׳ a créé les Mondes. Il est permis et même recommandé de dévoiler leur sens profond, ainsi qu'il est écrit : « ... וְהַנִּגְלֹת 'et les choses révélées' sont à nous et à nos enfants... » *(Devarim 29, 28)*.

Les dix *Sefirot* forment une קוֹמָה « Entité droite et cohérente », à l'image de l'homme : ainsi, *Keter Ḥokhma* et *Bina* représentent רֹאשׁ la Tête, tandis que *Ḥessed, Guevoura, Tiferet, Netsaḥ, Hod, Yessod* et *Malkhout* correspondent aux autres membres du corps humain. Dans תִּקּוּנֵי הַזֹּהַר « les *Tikkounei HaZohar* » (17a), voici comment cette Entité est décrite dans le passage intitulé פָּתַח אֵלִיָּהוּ *Pataḥ Eliyahou* :

« ... Ḥessed, c'est le Bras droit ; Guevoura, c'est le Bras gauche ; Tiferet, c'est le Corps ; Netsaḥ et Hod, ce sont les deux Cuisses ; Yessod est là où se termine le Corps, le Signe de l'Alliance sacrée ; Malkhout, c'est la Couronne de Yessod. Malkhout, c'est la Bouche, la Tora orale ; Ḥokhma, c'est le Cerveau, la Pensée intérieure ; Bina, c'est le Cœur, et par elle le Cœur comprend... Keter Suprême, c'est la Couronne de Malkhout, et à son sujet il est dit : 'Dès le Commencement, J'annonce l'avenir' (יְשַׁעְיָהוּ Isaïe 46, 10) ; et c'est le Crâne des תְּפִלִּין Tefillines ».

Rabbi Meïr Paprich continue : « Sache aussi que chacune des dix Sefirot contient elle-même dix Sefirot qui lui sont propres : chaque Sefira est alors appelée Partsouf complet.

Ainsi, le Partsouf de Keter comprend Keter de Keter, Keter de Ḥokhma, Keter de Bina, Keter de Ḥessed, Keter de Guevoura, Keter de Tiferet, Keter de Netsaḥ, Keter de Hod, Keter de Yessod et Keter de Malkhout. Il en est de même pour les autres Partsoufim : Abba, Imma, Ze'er Anpine et Noukba.

Il faut aussi savoir que 'ה a créé quatre Mondes spirituels, qui sont appelés : אֲצִילוּת Atsilout (Émanation), בְּרִיאָה Beriha (Création), יְצִירָה Yetsira (Formation) et עֲשִׂיָּה 'Assiya (Action). Et ils correspondent également aux quatre lettres du NOM יהו״ה :

Le Monde Atsilout est entièrement d'Essence divine : il n'y a en lui aucun mélange de bien et de mal, comme il est écrit : « ... le mal ne peut habiter auprès de Toi » (Tehillim 5, 5). Quand Israël accomplit comme il convient la Volonté de **'ה**, *Ze'er Anpine* et *Noukba* du Monde *Atsilout* s'unissent, et de cette Union naissent les נְשָׁמוֹת Âmes.

Le Monde *Beriha* est appelé Monde du Trône : là-bas commence l'emprise des קְלִפּוֹת *Klippot* (les Forces impures), mais le bien reste prépondérant par rapport au mal.

Le Monde *Yetsira* est appelé Monde des *Malhakhim* (des Anges). Là-bas le bien et le mal sont entremêlés en proportions égales.

Et le Monde spirituel *'Assiya* se caractérise par une présence importante du mal par rapport au bien : il ne s'y trouve rien qui soit entièrement bien.

Puis vient le Monde matériel, à l'extrémité inférieure de *'Assiya*, celui dans lequel nous vivons. Là, les êtres humains ont l'impression que le bien est absent. Ce Monde comprend quatre éléments : le feu, le vent, l'eau et la poussière, qui correspondent aux quatre lettres du NOM יהו״ה.

Enfin, **'ה** a créé les cinq aspects qui caractérisent les *Nechamot*. Ceux-ci se présentent, de bas en haut, comme suit : נֶפֶשׁ *Nefech*, רוּחַ *Rouaḥ*, נְשָׁמָה *Nechama*, חַיָּה *Ḥaya* et יְחִידָה *Yeḥida*.

La raison essentielle pour laquelle **'ה** a envoyé les *Nechamot* des *Bnei Israël* en ce Monde est qu'elles doivent s'efforcer de relever les Étincelles sacrées qui sont tombées parmi les *Klippot*, à la suite de la faute de *Adam*, l'Homme primordial. Lorsque les *Bnei Israël* pratiquent la *Tora* et les *Mitsvot*, et qu'ils accomplissent de bonnes actions, ils élèvent les Étincelles sacrées jusqu'au niveau de *Malkhout*, qui est la *Chekhina*, appelée אדנ"י. Celle-ci s'élève alors vers *Ze'er Anpine* dans lequel se trouve le NOM יהו"ה, et tous deux s'unissent pour former le Nom יאהדונה"י. À la suite de ce יִחוּד , de cette Union, de nombreux Bienfaits sont prodigués à l'ensemble de l'humanité, et à Israël en particulier.

La *Sefira Yessod* reçoit toutes les Lumières qui sont dans le *Partsouf Ze'er Anpine*. *Yessod* transmet tout le Bien qu'il a reçu à *Malkhout*. Celle-ci est considérée comme la שְׁכִינָה *Chekhina* (Présence divine) qui שָׁכְנֵת réside parmi les êtres en bas. Elle transmet tous les Bienfaits qu'elle a reçus aux Mondes qui sont en-dessous de *Atsilout* (*Beriha*, *Yetsira* et *'Assiya*) ainsi qu'aux êtres ici-bas.

Il faut garder présent à l'esprit un principe très important : dans les Mondes d'en Haut, il n'y a aucun corps ni aucune matière. Toutes les comparaisons que fait le Livre du *Zohar* avec ce qui existe ici-bas ne sont destinées qu'à permettre d'appréhender des notions spirituelles élevées, qui ne peuvent être comprises par la raison humaine.

Ainsi, les mots Masculin et Féminin ne sont pas à prendre à la lettre. En effet, « Masculin » désigne la qualité dominante de l'entité qui procure un Bienfait, et « Féminin » est l'entité qui reçoit ce Bien. De même, un זִווּג, c'est-à-dire une Union entre deux *Sefirot* se traduit par la réunion du Nom divin du Masculin et celui du Féminin ».

Des Univers parallèles

Quel est le rapport entre le comportement étrange des particules quantiques et les Mondes spirituels qui sont dépourvus de toute relation avec la matière ? D'où vient l'homme… et où va-t-il ?

Le texte suivant, qui se propose de répondre à ces questions, a été écrit par le *Rav Avraham Gottlieb*, disciple du *Rav Baroukh Chalom Ashlag*, fils aîné de l'éminent kabbaliste *Rav Yehouda Ashlag*.

« Nombreux sont ceux qui parlent d'Univers parallèles, en se basant sur la physique quantique qui affirme qu'il peut exister au même instant des réalités complètement opposées. La seule possibilité de comprendre un tel phénomène serait d'accepter l'idée d'Univers parallèles.

C'est la raison pour laquelle certaines personnes s'imaginent qu'il existe un Univers parallèle au nôtre dans lequel il serait possible que nous soyons également présents. Et là-bas, nous aurions un comportement complètement différent de celui que nous avons ici, du fait de l'existence de conditions essentielles dont nous ignorons ce qui les caractérise.

Ces personnes s'imaginent que dans ces Univers parallèles, il y a une autre vie dont l'éloignement se situe à des années-lumière. Dans un tel Univers, il se pourrait que j'aie un autre âge et un autre environnement, ce qui permettrait de comprendre que mon comportement serait différent.

En vérité, ce genre de suppositions est complètement inepte. Selon la *Tora*, nous n'avons jamais entendu parler de l'existence d'autres Univers en-dehors de celui dans lequel nous vivons, au motif qu'il n'y a nulle part ailleurs des conditions naturelles qui soient adaptées à la vie humaine.

Et donc, d'où vient le phénomène des particules quantiques évoqué ci-dessus ?

En fait, tout ce dont il est question se rapporte à l'homme. Car dans l'Univers, il n'y a aucune autre réalité que le Créateur et l'être créé. Les minéraux, les végétaux et les animaux ne sont présents que pour être utiles à l'homme.

De la même manière, les réalités qui sont appelées מַלְאָכִים *Mal'akhim* 'Envoyés Célestes', שְׂרָפִים *Serafim* 'Séraphins', רוּחוֹת *Rouḥoth* 'Souffles', שֵׁדִים *Chedim* 'Démons'… toutes ces dénominations sont des phénomènes qui apparaissent dans l'Âme de l'homme pour le servir, soit dans le cadre de la *Kedoucha*, soit dans celui de l'Impureté *[et des Klippot]*.

En ce qui concerne l'homme lui-même, il est composé de deux parties qui sont l'antithèse l'une de l'autre : l'Âme et le corps. Pendant que le corps n'aspire qu'à recevoir et à ne penser qu'à lui[1], l'Âme quant à elle n'aspire qu'à prodiguer du bien et à se soucier des besoins d'autrui.

Il s'ensuit qu'exactement au même instant se trouvent au niveau de notre conscience deux tendances

---

1. Le corps n'aspire qu'à recevoir : manger, boire, se reposer… et à ne penser qu'à lui : avec un égoïsme sans limite.

opposées, l'une qui est connue et l'autre qui est dissimulée. Ces deux inclinations forment le rythme permanent de la vie qui existe dans tout l'Univers.

L'Étincelle du Créateur et l'étincelle de l'être créé sont présentes dans les minéraux, les végétaux, les animaux et les êtres humains : la force de donner, et celle de recevoir, celle de l'égoïsme et celle de l'altruisme, celle qui repousse et celle qui attire.

Notre réalité tout entière est faite de ces deux tendances absolument contraires. Et c'est là que se trouve la Racine spirituelle[1] du phénomène quantique selon lequel chaque particule est susceptible de se comporter en même temps de deux façons opposées.

Certes, il existe un autre Système de Mondes, mais il n'est pas physique : il est entièrement spirituel. La réalité de l'Univers est celle d'un degré final, qui apparaît au terme d'un long processus qui comprend de nombreuses phases. Car notre monde matériel a été précédé par de nombreux Mondes spirituels, en commençant par le plus élevé de tous qui est appelé אֵי״ן־סוֹ״ף בָּרוּךְ־הוּא « EÏN SOF, loué soit-Il », puis les Mondes אָדָם קַדְמוֹן « Homme Primordial », אֲצִילוּת « Émanation », בְּרִיאָה « Création », יְצִירָה « Formation » et עֲשִׂיָּה « Action ».

Et chacun de ces Mondes contient dans son intériorité de nombreuses sous-parties, et il inclut l'ensemble des autres Mondes. De chaque Monde ayant un

---

1. La Racine spirituelle du phénomène quantique : son Origine dans le Monde *Atsilout*, où tout est immatériel.

Degré spirituel supérieur[1] émane un Monde qui lui est inférieur.

Les Mondes se présentent sous forme de « sceau et scellé[2] », selon une parfaite symétrie.

La forme[3] de l'homme en ce monde correspond à la Forme[4] de l'Homme dans les Mondes Supérieurs.

Pourquoi avons-nous une seule tête, et pas deux têtes ? Deux yeux, deux oreilles et un nez ? Pourquoi notre corps est-il construit comme il est construit ? Pourquoi avons-nous des sourcils au-dessus des yeux ? Pourquoi des poils sous les aisselles ?... La réponse à toutes ces questions est unique : parce que l'Homme est ainsi construit dans les Mondes Supérieurs ; et là-bas, tout cela existe de façon spirituelle, et non matérielle.

L'ensemble de la réalité qui existe ici, comme un salon avec une table et des chaises, se trouve également là-bas. De même, la guerre entre la Russie et l'Ukraine se trouve également là-bas, ainsi que les différents médias...

Les Racines de toute notre réalité sont là-bas. Et dans ce monde, il n'y a que des « Branches[5] ».

Tels sont les Mondes parallèles : des Mondes qui ne sont pas matériels, mais spirituels.

---

1. Un Degré spirituel supérieur : une plus grande proximité vis-à-vis de la *Kedoucha*.
2. « Sceau et scellé » : ce qui est gravé sur le sceau apparaît de façon exacte et symétrique sur ce qui est scellé.
3. La forme : sur le plan physique, avec une tête, des bras, des jambes...
4. La Forme : spirituelle, hors de l'espace, du temps et de la matière.
5. Des Branches : des phénomènes dont l'origine est dans les Racines.

Le finalité de tous ces Mondes est qu'ils soient éclairés par la Lumière Divine[1]. La différence entre les Mondes réside dans la capacité des êtres humains de dominer leur volonté de recevoir[2] et de la transformer en volonté de donner et de prodiguer le bien. L'expression « Monde supérieur » se traduit par une grande capacité d'aimer et de donner ; et « Monde inférieur » signifie que cette capacité d'aimer et de donner est moindre.

Face aux Mondes de la *Kedoucha*[3] existent des Mondes symétriques qui sont liés à l'Impureté[4], dans lesquels règnent la volonté de recevoir et l'ego.

Où se trouvent ces différents Mondes ? Dans la subconscience de l'homme, dans les profondeurs de son Âme. Ils ne se trouvent pas parmi les étoiles. Mais ils sont tous à l'intérieur de l'homme, et ils se révèlent à lui en fonction de ce qu'il fait. S'il se comporte bien vis-à-vis d'autrui, les Mondes de la *Kedoucha* se révèlent progressivement à lui. Et s'il fait le contraire, alors c'est le contraire qui lui apparaît.

C'est quelque chose tout à fait surprenant et en même temps merveilleux que le modèle de la forme extérieure et intérieure de l'homme soit présent dans les degrés, conscients ou non, de son Âme. Et non moins surprenant et merveilleux est le fait que tout ce que contient

---

1. La Lumière Divine : la Présence de הֿ׳, perçue au niveau de la conscience de l'homme.
2. Leur volonté de recevoir : leur égoïsme.
3. Les Mondes de la קְדֻשָּׁה *Kedoucha* « Sainteté » : liés à Celui Qui est *Kadoch*, Qui est Bon et veut prodiguer le Bien.
4. Des Mondes... liés à טֻמְאָה *Toumea* l'Impureté : qui éloignent l'homme de la prise de conscience la Présence Divine.

le lieu où il habite, tels que sa cuisine et son salon, se trouve dans les niveaux de conscience de son Âme. Il en est de même pour tous les événements qui se déroulent sous nos yeux, comme le conflit israélo-palestinien et les tragédies qui en découlent pour les deux parties. Enfin, il est surprenant et merveilleux de découvrir que tous les minéraux, les végétaux, les animaux et les êtres humains sont présents dans les différents niveaux de l'Âme.

Le général et le particulier sont équivalents, les aspects extérieur et intérieur sont synchronisés : l'un amène l'autre, l'un donne naissance à l'autre. Et 'ה dirige Son Monde avec une immense Sagesse, sachant qu'en réalité il n'y a que deux éléments qui doivent s'unir ensemble : le Créateur et l'être créé. Ces deux aspects[1] sont présents dans la conscience de l'être créé lui-même, et c'est à lui qu'il appartient de les réunir. Tout se trouve dans notre conscience. Là, tout commence et tout se termine. Le *Gueïhinnôm* et le *Gan 'Eden*[2] sont également présents dans la conscience de l'homme.

Notre passage en ce monde consiste à construire comme il convient notre niveau de conscience. Une conscience faite de *Emouna* et d'amour vis-à-vis de tout ce qui se passe, et non le contraire ; une augmentation de l'Apparition du Créateur dans notre conscience, et non l'augmentation des tendances égoïstes.

Notre passage en ce monde commence dans notre intériorité, et là il se termine ».

---

1. Ces deux aspects : la volonté de recevoir, et la volonté de donner.
2. La Géhenne et le Paradis.

La *Tora* et la Joie

La Joie est-elle admise par la *Tora* ? Peut-être est-elle même recommandée ? Et si tel est le cas, de quelle Joie parle-t-on ? En quoi celle-ci diffère-t-elle des festivités qui se déroulent parfois dans certains milieux ? Voyons, à l'aide de quelques citations, ce que la *Tora* peut nous enseigner au sujet de la שִׂמְחָה *Simḥa* « Joie » :

« וּשְׂמַחְתֶּם 'Et vous vous réjouirez' devant יהו״ה votre אלהי״ם avec vos fils et vos filles, avec vos serviteurs et vos servantes, et aussi le Lévite [et sa famille] qui seront dans vos murs, parce qu'il n'aura point de part ni d'héritage avec vous. »

Devarim 12, 12

« Tu mettras l'argent en tout ce que ton Âme désirera, en gros et menu bétail, en boisson forte et en tout ce que ton Âme te demandera ; et tu mangeras là, devant יהו״ה ton אלהי״ם et וְשָׂמַחְתָּ 'tu te réjouiras', toi et ta famille. »

Devarim 14, 26

« Tu feras une fête pendant sept jours pour יהו״ה ton אלהי״ם dans le lieu que יהו״ה aura choisi ; car יהו״ה ton אלהי״ם te bénira dans tout le produit et tout l'ouvrage de tes mains, et tu ne seras rien d'autre que שָׂמֵחַ 'joyeux'. »

Devarim 16, 15

« À *Zevouloune* Il dit : שְׂמַח 'réjouis-toi', *Zevouloune* dans tes voyages, et *Issakhar* dans tes tentes. »

Devarim 33, 18

« Le huitième jour, il [*Chlomo*] congédia le Peuple ; ils bénirent le roi ; ils se rendirent à leurs tentes, שְׂמֵחִים 'joyeux' et de bonne humeur, à cause de tout le bien que יהו"ה avait fait à *David* son serviteur, et à Israël son Peuple. »

I Melakhim 8, 66

« Un cœur שָׂמֵחַ 'joyeux' rend le visage serein ; mais par un cœur triste, l'esprit est abattu. »

Michlei 15, 13

« Je me suis dit dans mon cœur : Viens ! Je veux que tu éprouves שִׂמְחָה 'la joie' et que tu goûtes l'allégresse ! Mais voilà : cela aussi est futile ! »

Kohelet 2, 1

« Et de tout ce que mes yeux ont désiré je ne les ai pas privés, je n'ai refusé à mon cœur aucune שִׂמְחָה 'joie' ; et mon cœur était שָׂמֵחַ 'joyeux' de tous mes efforts. »

Kohelet 2, 10

« Aussi ai-je loué la שִׂמְחָה 'joie' : car il n'y a rien de bon pour l'homme sous le soleil que de manger, de boire et de לִשְׂמוֹחַ 'se réjouir' ; c'est ce qui l'accompagne dans sa peine, au cours des jours de sa vie que הָאלֹהִי"ם lui accorde sous le soleil. »

Kohelet 8, 15

« Va, mange avec joie ton pain, et bois de bon cœur ton vin, car déjà הָאלֹהִי"ם a agréé ce que tu fais. »

Kohelet 9, 7

« שְׂמַח 'Réjouis'-toi, jeune homme, dans ton jeune âge, et que ton cœur soit en fête au temps de ton adolescence, marche selon les voies de ton cœur et ce que voient tes yeux ! Mais sache que pour tout cela הָאֱלֹהִי"ם t'appellera en Jugement. »

Kohelet 11, 9

« Il leur dit : Allez, mangez des mets succulents, buvez de doux [breuvages], et envoyez des parts à ceux qui n'ont rien de prêt, car ce jour est consacré à notre Maître ; et ne soyez pas tristes, car la Joie en יהו"ה est votre Force. »

Neḥemia 8, 10

Selon les versets ci-dessus, dont certains semblent de prime abord contradictoires, à quelle conclusion est-il possible de parvenir ?

Il est connu que l'accomplissement des *Mitsvot* n'est proche de la perfection que s'il est accompagné, du début à la fin, par le Joie : celle de servir le Maître de l'Univers.

Mais la Joie peut aussi être considérée comme une *Mitsva* à part entière, si nous prenons conscience que tout ce que nous avons et tout ce que nous sommes à l'instant présent émane de Lui, loué soit-Il. Le fait d'être en vie est en soi un miracle porteur d'espoir. Comment exprimer sa reconnaissance si ce n'est par la Joie ?

Yehouda HaLevi a dit qu'il y a trois façons de servir ה' : la crainte, l'amour et la Joie (*Kouzari* 2, 50).

La prière avant l'étude du *Zohar*

Cette prière doit être dite avec *Kavana*, c'est-à-dire avec l'intention d'accepter ses paroles. Elle apparaît pour la première fois au début du livre פְּרִי עֵץ חַיִּים « *Le Fruit de l'Arbre de Vie* », écrit par *Rabbi Ḥayim Vital*.

« Maître des mondes et Souverain des souverains, Père de l'Amour bienveillant et du Pardon, nous exprimons nos remerciements devant Toi, יהו״ה notre אלהי״ם, en s'agenouillant et en se prosternant, pour nous avoir [permis de] se rapprocher de Ta *Tora* et de Te servir avec *Kedoucha*, et de nous avoir accordé une Part dans les Secrets de Ta Sainte *Tora*. Que sommes-nous, qu'est-ce que notre vie pour que Tu nous accordes une telle Bonté ? C'est pourquoi nous soumettons nos supplications devant Toi, pour que Tu oublies et pardonnes toutes nos fautes et nos transgressions, et que nos fautes ne nous séparent plus de Toi. C'est pourquoi, que ce soit Ta Volonté, יהו״ה notre אלהי״ם, et אלהי״ם de nos ancêtres, que Tu instruises notre cœur à Te craindre et à T'aimer, que Tu prêtes attention à nos paroles, que Tu ouvres notre cœur obtus aux Secrets de Ta *Tora*, que notre étude soit acceptée devant le Trône de Ta Présence comme l'arôme d'un encens agréable, que Tu fasses rayonner sur nous la Lumière [qui est] la Source de nos *Nechamot* pour chaque aspect de notre intériorité, et que brillent les Étincelles [de Sagesse] de Tes saints Serviteurs par lesquels Tu as dévoilé Tes Paroles dans le Monde. Et que leur mérite, le mérite de leurs ancêtres, le mérite de leur *Tora*, de leur *Emouna* parfaite et de leur *Kedoucha* nous aident à ne pas trébucher dans [notre étude de] leurs Paroles. Et que, grâce à leur mérite, Tu éclaires nos yeux sur tout ce que nous étudions, selon les mots de [*David*] l'aimable poète d'Israël : « Ouvre mes yeux, pour que je contemple les Merveilles de Ta *Tora* » *(Tehillim 119, 18)* ; « ... car יהו״ה accorde la Sagesse, de Sa Bouche émanent la Connaissance et le Discernement » *(Michlei 2, 6)*.

« Que les paroles de ma bouche et les méditations de mon cœur trouvent faveur devant Toi, יהו״ה, mon Roc et mon Sauveur. *(Tehillim 19, 15)*.

Approfondissements

רִבּוֹן הָעוֹלָמִים וַאֲדוֹנֵי הָאֲדֹנִים, אַב הָרַחֲמִים וְהַסְּלִיחוֹת, מוֹדִים אֲנַחְנוּ לְפָנֶיךָ ה' אלהינו ואלהי אֲבוֹתֵינוּ, בְּקִידָה וּבְהִשְׁתַּחֲוָיָה, שֶׁקֵּרַבְתָּנוּ לְתוֹרָתֶךָ וְלַעֲבוֹדָתְךָ עֲבֹדַת הַקֹּדֶשׁ, וְנָתַתָּ לָנוּ חֵלֶק בְּסוֹדוֹת תּוֹרָתְךָ הַקְּדוֹשָׁה, מָה אָנוּ וּמָה חַיֵּינוּ אֲשֶׁר עָשִׂיתָ עִמָּנוּ חֶסֶד גָּדוֹל כָּזֶה? עַל כֵּן אֲנַחְנוּ מַפִּילִים תַּחֲנוּנֵינוּ לְפָנֶיךָ שֶׁתִּמְחָל וְתִסְלַח לְכָל חֲטָאתֵינוּ וַעֲווֹנוֹתֵינוּ, וְאַל יִהְיוּ עֲווֹנוֹתֵינוּ מַבְדִּילִים בֵּינֵנוּ לְבֵינֶךָ, וּבְכֵן יְהִי רָצוֹן מִלְּפָנֶיךָ יהו"ה אלה"ינו ואלה"י אֲבוֹתֵינוּ, שֶׁתְּכוֹנֵן אֶת לְבָבֵנוּ לְיִרְאָתֶךָ וּלְאַהֲבָתֶךָ, וְתַקְשִׁיב אָזְנֶךָ לִדְבָרֵינוּ אֵלֶּה, וְתִפְתַּח לִבָבֵנוּ הֶעָרֵל בְּסוֹדוֹת תּוֹרָתֶךָ, וְיִהְיֶה לְמוּדֵנוּ זֶה נַחַת רוּחַ לִפְנֵי כִסֵּא כְבוֹדֶךָ כְּרֵיחַ נִיחוֹחַ, וְתַאֲצִיל עָלֵינוּ אוֹר מָקוֹר נִשְׁמָתֵנוּ בְּכָל בְּחִינָתֵנוּ, וְשֶׁיִּתְנוֹצְצוּ נִיצוֹצוֹת עֲבָדֶיךָ הַקְּדוֹשִׁים אֲשֶׁר עַל יָדָם גִּלִּיתָ דְּבָרֶיךָ אֵלֶּה בָּעוֹלָם, וּזְכוּתָם וּזְכוּת אֲבוֹתָם וּזְכוּת תּוֹרָתָם וּתְמִימוּתָם וּקְדֻשָּׁתָם יַעֲמֹד לָנוּ לְכָל נִכְשָׁל בִּדְבָרִים אֵלּוּ, וּבִזְכוּתָם תָּאִיר עֵינֵינוּ בַּמֶּה שֶׁאָנוּ לְמֵדִים, כְּמַאֲמַר נְעִים זְמִירוֹת יִשְׂרָאֵל: גַּל-עֵינַי וְאַבִּיטָה נִפְלָאוֹת מִתּוֹרָתֶךָ (תהלים קיט, יח) כִּי-יהו"ה יִתֵּן חָכְמָה מִפִּיו דַּעַת וּתְבוּנָה: (משלי ב, ו)

יִהְיוּ לְרָצוֹן אִמְרֵי-פִי וְהֶגְיוֹן לִבִּי לְפָנֶיךָ יהו"ה צוּרִי וְגֹאֲלִי:
(תהלים יט, טו)

אוֹצֵר מִלִּים

Lexique

HACHEM	יהו״ה ה׳	Le NOM Ineffable et Éternel : הָיָה 'Il était' הוֹיָה 'Il est' et יְהִיָה 'Il sera'. Ce NOM correspond à *Tif'eret* (*Ze'er Anpine*) et à l'Attribut de Bonté.
ELOKIM	אלהי״ם	L'Attribut de Rigueur de הקב״ה. Il correspond, selon les cas, à *Bina*, *Guevoura*, *Tif'eret*.
ELOKOUT	אֱלקוּת	L'ENTITÉ DIVINE, ineffable et inaccessible. Seule la *Chekhina*, la Présence Divine, peut Se révéler dans la *Nechama*.
HAKADOCH...	הקב״ה	'Le SAINT ('SÉPARÉ'), loué soit-Il'. La Manifestation initiale de EÏN SOF, de la Pensée de la Création.
EÏN SOF	אין סוף	'Celui Qui est 'SANS FIN', sans limite, l'INFINI, loué soit-Il. Le Dissimulé des Dissimulés. Il correspond à *Keter*, la Pensée de la Création : la Volonté de prodiguer le Bien.
Abba	אַבָּא	'Père'. הקב״ה, *Ze'er Anpine*, *Tif'eret*. Deuxième *Partsouf* du Monde *Atsilout*.
Accusation	קטרוג	L'action qui consiste à révéler les fautes des hommes devant le Tribunal Céleste.
Adam	אָדָם	'L'Homme Primordial'. L'être humain, avec son aspect masculin (donner) et son aspect féminin (recevoir).
Aharon	אַהֲרֹן	'Aaron', frère de *Moshé*, et modèle de la recherche de la paix.
'Akiva	עֲקִיבָא	'*Akiba*'. Sage réputé à l'époque de la *Michna*.
Âme	נֶפֶשׁ	Partie Divine de l'homme, par opposition au corps ; elle comprend cinq Degrés : *Nefech*, *Rouaḥ*, *Nechama*, *Ḥaya*, *Yeḥida*.

'Amida	עֲמִידָה	'Position debout'. Prière quotidienne, récitée trois fois par jour.
Arbre de la Vie	עֵץ הַחַיִּים	Voir *'Etz HaḤayim*.
Argamane	ארגמ"ן	Les quatre Envoyés Célestes : אוּרִיאֵל *Ourie''l*, רְפָאֵל *Raphae''l*, גַּבְרִיאֵל *Gavrie''l*, מִיכָאֵל *Mikhae''l* et נוּרִיאֵל *Nourie''l*.
Arizal	אֲרִ"י זַ"ל	*Rabbi Yitsḥak Ben Chlomo Louria*, le plus grand des kabbalistes de *Tsfat*, qui fut à l'origine de la *Kabbala* lourianique.
'Arikh Anpine	אֲרִיךְ אַנְפִּין	'Grand Visage' : grande Révélation de la ELOKOUT. Premier *Partsouf* du Monde *Atsilout*.
'Assiya	עֲשִׂיָּה	Le Monde de 'l'Action' : le quatrième Monde, le plus éloigné de la *Kedoucha*.
Atsilout	אֲצִילוּת	'Émanation' : le premier Monde, celui qui est le plus proche de la *Kedoucha*.
Autre Côté	סִטְרָא אַחְרָא	Voir: *Sitra Aḥra*.
Avot	אָבוֹת	Les 'Patriarches' : *Avraham*, *Yitsḥak* et *Ya'akov*. Traité d'éthique de la *Michna*.
Avraham	אַבְרָהָם	'Abraham' : le premier des Ancêtres. Il symbolise l'Attribut de *Ḥessed* ; il correspond à la *Sefira* de même nom.
Baraïta	בְּרַיְתָא	'*Michna* extérieure', qui n'a pas été intégrée dans le Recueil de la *Michna*.
Bat-Cheva'	בַּת־שֶׁבַע	'Fille des Sept' : la *Sefira Malkhout*.
Bavel	בָּבֶל	'Babylone', symbole de l'Exil.

Beit HaMidrach	בֵּית־הַמִּדְרָשׁ	'Maison d'étude'.
Beit HaMikdach	בֵּית־הַמִּקְדָּשׁ	La 'Maison de la Sainteté', le Sanctuaire à Jérusalem.
BeMidbar	בְּמִדְבַּר	'Dans le Désert' : quatrième Livre de la *Tora*.
Berakhot	בְּרָכוֹת	'Bénédictions'. Premier Traité du *Talmud*.
BeRechit	בְּרֵאשִׁית	'Genèse, Commencement' : premier Livre et premier mot de la *Tora*.
Beriha	בְּרִיאָה	'Création'. Le deuxième Monde spirituel, appelé 'le Monde du Trône', entre les Mondes *Atsilout* et *Yetsira*.
Bina	בִּינָה	'Compréhension, Intelligence'. 3ème *Sefira*, après *Keter* et *Ḥokhma*. Appelée aussi : Palace, *Techouva*, Rivière, 'le Monde qui vient', 'Mère d'en Haut', car elle donne naissance aux sept Sefirot inférieures.
Bnei Israël	בְּנֵי־יִשְׂרָאֵל	Les 'Enfants d'Israël' : les descendants de *Ya'akov*, les membres du Peuple juif.
Brisure des Vases	שְׁבִירַת הַכֵּלִים	Voir : '*Chevirat HaKelim*'.
Brit	בְּרִית	'Alliance' entre 'ה et le Peuple d'Israël. Circoncision.
Chabbat	שַׁבָּת	Le septième Jour : rappel de la Création du Monde en sept Jours.
Chalom	שָׁלוֹם	La 'Paix', la plus grande des bénédictions. L'un des Surnoms de 'ה.
Chaoul	שָׁאוּל	'Saül', premier roi en Terre d'Israël

Chavou'ot	שָׁבְעוֹת	'Semaines'. Fête qui commence sept semaines après *Pessaḥ*
Chefa'	שֶׁפַע	'Abondance' Divine de Bienfaits.
Chekhina	שְׁכִינָה	1) La 'Présence Divine' dans la *Nechama* ; appelée aussi : *Malkhout*, la Gloire de **הקב"ה**... 2) Le *Keli*, apte à recevoir la Lumière. 3) L'ensemble des Âmes d'Israël. Si Israël accomplit les *Mitsvot*, la *Chekhina* s'unit à *Tif'eret*.
Chema'	שְׁמַע	'Écoute' et 'comprends'. Prière récitée deux fois par jour.
Chemot	שְׁמוֹת	'Noms'. Deuxième Livre de la *Tora* (Exode).
Chevirat HaKelim	שְׁבִירַת הַכֵּלִים	'Brisure des Vases'.
Chim'on Bar Yoḥaï	שִׁמְעוֹן בַּר יוֹחַאי	Rav au temps de la *Michna* (70 - 163). Principal auteur du Livre du *Zohar*.
Chir HaChirim	שִׁיר הַשִּׁירִים	'Cantique des Cantiques'.
Chlomo	שְׁלֹמֹה	'Salomon' : le roi, fils de *David*.
Chmouel	שְׁמוּאֵל	'Samuel', le prophète.
Cohen	כֹּהֵן	'Prêtre.
Cohen Guadol	כֹּהֵן גָּדוֹל	'Grand prêtre'.
Compagnons	חֲבֵרִים	Les Sages, qui formaient le cercle des kabbalistes, autour de *Rachbi*.
Da'at	דַּעַת	'Connaissance'. Voir *Keter*.

Devarim	דְּבָרִים	'Paroles' (Deutéronome). Cinquième Livre de la *Tora*.
Dine	דִּין	Rigueur, Jugement, Puissance (voir *Guevoura*) ; 5ème *Sefira*, appelée aussi : *Yitsḥak*, Bras gauche...
Dinim	דִּינִים	'Manifestations de Rigueur'.
Disciple de Sage	תַּלְמִיד־חָכָם	*Talmid Ḥakham*.
'Eden	עֵדֶן	'Plaisir, Délice, Paradis.
Eli'ezer	אֱלִיעֶזֶר	'Eliézer'.
Elicha	אֱלִישָׁע	'Élisée'.
Emet	אֱמֶת	'Vérité'. La *Sefira Tif'eret*.
Emouna	אֱמוּנָה	L'intime conviction, la confiance absolue. La *Sefira Malkhout*. *Yiḥoud*.
'Etz HaḤayim	עֵץ הַחַיִּים	'L'Arbre de la Vie', aussi appelé: *Malkhout* (*Chekhina*, *Emouna*...), *Tif'eret* (הקב״ה *Tora*, *Zohar*, *Israël*, sept *Middot*)...
Gan 'Eden	גַּן־עֵדֶן	'Jardin du Délice'. Paradis.
Gaon	גָּאוֹן	'Génie' : Sage de niveau exceptionnel.
Guedoulla	גְּדֻלָּה	'Grandeur'. 4ème *Sefira*, qui correspond à *Ḥessed*.
Gueoulla	גְּאֻלָּה	'Délivrance' : la Rédemption Finale.

Gueïhinnôm	גֵּיהִנֹּם	'Vallée de *Hinnôm*' : Géhenne. Les niveaux du Monde souterrain après la mort, là où les Âmes sont purifiées des fautes qu'elles ont commises.
Guevoura	גְּבוּרָה	La 'Force', le 'Jugement', la 'Rigueur' ; la 2ème *Sefira* du *Partsouf Ze'er Anpine*, située à l'opposé de *Ḥessed*. La 5ème des dix *Sefirot*.
Guezera	גְּזֵרָה	'Décret Divin', qui ne se prête à aucune objection ou critique.
Guilguoul	גִּלְגּוּל	'Migration' des Âmes.
Guimatriya	גִּמַטְרִיָּה	'Méthode(s) de calcul' de la valeur numérique de lettres, mots, expressions…
Hachguaḥa	הַשְׁגָּחָה	La 'Providence Divine' : l'Intervention de 'ה au niveau individuel et/ou collectif.
Ḥaguigua	חֲגִיגָה	'*Korbane* de Fête'. Traité du *Talmud*.
Halakha	הֲלָכָה	Ensemble législatif des règles de conduite, selon la *Tora* écrite et orale.
Ḥanokh	חֲנוֹךְ	L'un des petits fils *d'Adam*.
Ḥassid	חָסִיד	Pieux, qui aime 'ה.
Ḥassidout	חֲסִידוּת	Mouvement(s) qui s'inspire(nt) de la pensée du *Ba'al Chem Tov*.
Ḥaya	חַיָּה	4ème Degré de la *Nechama*.
Heïkhalot	הֵיכָלוֹת	'Salles du Palais'. Dans le *Gan 'Eden* : les sept Degrés de la *Emouna*.

Ḥessed	חֶסֶד	'Amour et Bonté'. La 1ère *Sefira* du *Partsouf Ze'er Anpine*. Appelée aussi : '*Avraham*, *Guedoulla*, Bras droit…'. La 4ème des dix *Sefirot*.
Hitgallout	הִתְגַּלּוּת	'Révélation' du Divin : la Finalité de la Création.
Ḥitsonim	חִיצוֹנִים	Les 'Forces externes' à la *Kedoucha*.
Hoche'a	הוֹשֵׁעַ	'Osée', le prophète.
Hod	הוֹד	'Splendeur, Majesté…'. 8ème *Sefira*, qui est la source, avec *Netsaḥ*, de la prophétie.
Ḥokhma	חָכְמָה	'Sagesse'. 2ème *Sefira*, appelée aussi : 'Point, Commencement, *Yech*, '*Eden*, Père…'
Imma d'en Haut	אִמָּא עֶלְיוֹנָה	'Mère d'en Haut' : *Keter*, qui donne naissance aux 9 autres *Sefirot*.
Imma d'en bas	אִמָּא תַחְתֹּנָה	'Mère d'en bas' : *Malkhout*, qui donne naissance aux *Nechamot*.
Israël	יִשְׂרָאֵל	Les Âmes saintes, qui sont toujours attachées à l'Âme de la *Tora* et à 'ה.
Iyov	אִיוֹב	'Job'.
Kabbala	קַבָּלָה	'Ce qui est reçu', la Tradition ; les enseignements du Judaïsme et de l'Âme de la *Tora*.
Kabbaliste	מְקַבֵּל	Celui qui recherche le sens profond de la *Tora* et de l'existence.
Kadoch	קָדוֹשׁ	'Saint', 'Séparé'.

Kavana	כַּוָּנָה	'Orientation du cœur' et de la pensée, lors de l'accomplissement d'une *Mitsva* avec l'intention et l'attention nécessaires.
Kedocha	קָדוֹשָׁה	'Sainte', 'Séparée'.
Kedoucha	קְדֻשָּׁה	'Sainteté' : ce qui est lié à הקב״ה, et séparé de tout ce qui est profane et impur.
Keli	כְּלִי	'Vase', 'réceptacle', ce qui est apte à recevoir.
Keter	כֶּתֶר	'Couronne'. La 1ère *Sefira*, appelée aussi : Pensée de la Création, Volonté, Néant (à partir duquel tout vient à l'existence), *'Atika Kadicha*, le Saint Ancien, l'Ancien des jours…
Ketoret	קְטֹרֶת	'Encens'.
Ketouvim	כְּתוּבִים	'Écrits' (Hagiographes).
Kiddouch	קִדּוּשׁ	'Sanctification'.
Kippour	כִּפּוּר	Action de pardonner. Jour du Pardon, le 10 du mois de *Tichri*.
Klippa	קְלִפָּה	'Écorce'. Tout ce qui éloigne de la *Kedoucha*. L'autre Côté.
Knesset Israël	כְּנֶסֶת־יִשְׂרָאֵל	'Assemblée d'Israël' : 1) le Peuple ; 2) l'ensemble des Âmes d'Israël ; 3) la *Chekhina*.
Kodech	קֹדֶשׁ	'SAINT', tout ce qui est relié à ה'. Le Sanctuaire : le Lieu, physique ou spirituel, de la *Kedoucha*.

Kohelet	קֹהֶלֶת	'Ecclésiaste'. Le roi *Chlomo*.
Korbane	קׇרְבָּן	'Offrande' : ce qui est approché sur l'autel.
Levi	לֵוִי	'Lévi' : 1) le troisième fils de *Ya'akov* ; 2) la Tribu à laquelle appartenaient *Moshé* et *Aharon*.
Levouch	לְבוּשׁ	Un 'Vêtement' spirituel : ce qui recouvre et dissimule le sens profond d'une situation, et qui empêche de percevoir la *Kedoucha* qui s'y trouve.
Lumière	אוֹר	La conscience de la Présence Divine et de Sa Bonté.
Machïaḥ	מָשִׁיחַ	'Oint, 'Messie'. État de la *Nechama* lors de la Révélation de ה'.
Maharal	מהר״ל	*Rav Yehouda Lœw ben Betsalel*. Grand penseur et kabbaliste.
Makkot	מַכּוֹת	1) 'Coups', 'plaies'. 2) Traité du *Talmud*.
Mal'akh	מַלְאָךְ	1) 'Messager' envoyé par un homme. 2) 'Être Céleste' (Ange) envoyé par ה'. 3) Force spirituelle dans l'Âme.
Mal'akhi	מַלְאָכִי	'Malachie'.
Malkhout	מַלְכוּת	'Royauté'. 10ème *Sefira*, appelée aussi : '*Chekhina*, *Knesset Israël*, *David*, *Tsedek*, Rose, Fille, Terre d'en bas, Lune, Nuit…'. Elle exerce son influence sur les Mondes inférieurs.
Mekhilta	מְכִילְתָּא	'Mesure', 'règle'. *Midrach Halakha*.
Melakhim	מְלָכִים	'Rois' (Livres des).

Menaḥot	מְנָחוֹת	1) 'Offrandes'. 2) Traité du *Talmud*.
Mezouza	מְזוּזָה	Petit étui posé sur le montant droit d'une porte, et qui contient les parchemins des deux premiers paragraphes du *Chema'*.
Michkane	מִשְׁכָּן	'Tabernacle'. Lieu de la Résidence Divine lors de la traversée du désert.
Michlei	מִשְׁלֵי	'Proverbes' (de *Chlomo*).
Michna	מִשְׁנָה	'Répétition'. Recueil d'enseignements oraux par *Rabbi Yehouda HaNassi*.
Midrach	מִדְרָשׁ	Recueil de *Midrachim*, inspirés par l'interprétation allégorique de la *Tora*.
Mikdach	מִקְדָּשׁ	'Sanctuaire', à Jérusalem.
Mikha	מִיכָה	'Miché', le prophète.
Mikvé	מִקְוֶה	'Bain rituel'.
Mitsva	מִצְוָה	'Prescription' de la *Tora*.
Moḥines	מֹחִין	'Cerveaux', 'Facultés intellectuelles'. *Ḥokhma, Bina, Da'at*.
Monde qui vient	עוֹלָם הַבָּא	Voir : *'Olam HaBa*.
Moshé	מֹשֶׁה	'Moïse', notre Maître.
Naḥal	נַחַל	*Yessod* de *Ze'er Anpine*.

Nations du monde	אֻמּוֹת הָעוֹלָם	1) Les nations non juives. 2) Toutes les formes que revêt la volonté de recevoir.
Nechama	נְשָׁמָה	'Âme, Esprit'. 3ème niveau, au-dessus de *Nefech* et *Rouaḥ*.
Nefech	נֶפֶשׁ	'Âme, Esprit'. Force vitale qui anime les créatures. 1er niveau, en-dessous de *Rouaḥ* et *Nechama*.
Netsaḥ	נֶצַח	'Endurance', 'Victoire'. 7ème *Sefira*, qui est la source, avec *Hod*, de l'inspiration prophétique.
Neviim	נְבִיאִים	'Prophètes'.
Noukba	נוּקְבָא	'Féminine', 'Féminité'. *Chekhina*, *Malkhout*.
'Olam HaBa	עוֹלָם הַבָּא	'Le Monde qui vient' à chaque instant, appelé aussi : *Bina*, la source permanente du Flux de Bienfaits.
Ounkelos	אֻנְקְלוֹס	Traducteur de la *Tora* en araméen.
Paracha	פָּרָשָׁה	Section hebdomadaire de la *Tora*.
Pardès	פַּרְדֵּס	1) 'Paradis'. 2) Les quatre niveaux d'interprétation de la *Tora*.
Partsouf	פַּרְצוּף	'Visage', 'Figure', 'Configuration' : ensemble de plusieurs *Sefirot*.
Pessaḥ	פֶּסַח	Pâques.
Pessaḥim	פְּסָחִים	Traité du *Talmud*.
Rabbi	רַבִּי	Sage.

Rachbi	רשב״י	'Rabbi Chim'on Bar Yoḥaï' (70 – 163).
Rachi	רש״י	L'un des plus grands commentateurs de la *Tora* et du *Talmud* (1040 – 1105).
Raḥamime	רַחֲמִים	'Amour bienveillant', Mansuétude, Compassion, Miséricorde. Voir *Tif'eret*.
Rambam	רמב״ם	'Rabbi Moshé Ben Maïmon' (1138 – 1204), plus connu sous le nom de Maïmonide.
Rambane	רמב״ן	Rabbi Moshé Ben Naḥmane (1194 – 1270), l'un des plus grands Sages de l'âge d'or de la culture juive en Espagne.
Ratsone	רָצוֹן	Volonté. La Volonté Divine de prodiguer le Bien à Ses créatures.
Rav	רַב	'Maître'.
Recha'im	רְשָׁעִים	'Coupables' [de rejeter les *Mitsvot*]. Méchants.
Rivière	נַחַל	Voir *Naḥal*.
Roch HaChana	רֹאשׁ־הַשָּׁנָה	'Début de l'année'.
Rouaḥ	רוּחַ	'Âme', 'Souffle', 'Esprit'. 2ème niveau de l'Âme.
Routh	רוּת	'Ruth'.
Sa'adia Gaon	רס״ג	'Rabbi Sa'adia Gaon' (882 – 942), l'un des plus grands Sages à l'époque des *Gueonim*.
Sanhedrine	סַנְהֶדְרִין	1) Tribunal. 2) Traité du *Talmud*.

Secret	סוֹד	Le sens profond et dissimulé de la *Tora*.
Sefira	סְפִירָה	L'une des dix Émanations de la Lumière Divine. *Keter*, la première *Sefira* donne naissance aux neuf autres *Sefirot*.
Serafim	שְׂרָפִים	'Séraphins'. Êtres Célestes.
Serpent	נָחָשׁ	L'inclination au mal. L'Ange de la mort.
Simḥa	שִׂמְחָה	La Joie d'accomplir une *Mitsva*. Appelée aussi : *Knesset Israël*.
Sinaï	סִינַי	Le lieu où fut donnée la *Tora*.
Sitra Aḥra	סִטְרָא אַחְרָא	'L'Autre Côté', celui de l'Impureté et des *Klippot*. Il s'oppose à la *Kedoucha*.
Six Extrémités	ו' קְצָוֹת	Les six *Sefirot* de *Ze'er Anpine*. Les six directions spatiales.
Ta Ḥazei	תָּא חֲזֵי	Viens et vois ! Ouvre les yeux ! Allusion au sens prophétique.
Talmid Ḥakham	תַּלְמִיד־חָכָם	'Disciple de Sage'.
Talmud	תַּלְמוּד	'Étude' : la Loi orale. Vaste commentaire fondé sur la *Tora* et la *Michna*, avec de multiples implications d'ordre législatif, moral, religieux… On distingue le *Talmud* de Jérusalem et le *Talmud* de Babylone.
Tanakh	תַּנַ"ךְ	*Tora*, *Neviim*, *Ketouvim*.
Tanna	תַּנָּא	'Celui qui enseigne' : enseignant à l'époque de la *Michna*.

Targoum	תַּרְגּוּם	Traduction d'hébreu en araméen de la *Tora*, des Prophètes et des Hagiographes.
Techouva	תְּשׁוּבָה	'Retour', 'repentir'.
Tefillines	תְּפִלִּין	'Phylactères', posés sur le bras et sur le front.
Tehillim	תְּהִלִּים	'Louanges' : Psaumes de *David*.
Tif'eret	תִּפְאֶרֶת	'Harmonie', qui assure l'équilibre entre *Ḥessed* et *Guevoura*, Beauté, Vérité, Majesté. 6ème *Sefira*, appelée : הקב״ה, *Raḥamime*, *Ya'akov*, Ciel…' *Tif'eret* est aussi le nom du *Partsouf Ze'er Anpine* et le Partenaire masculin de *Malkhout*.
Tikkoun	תִּקּוּן	L'initiative humaine qui permet de לְתַקֵּן 'réparer', de rectifier et d'embellir sur le plan spirituel ce qui n'est pas droit. La raison d'être principale du retour de l'Âme dans le corps.
Tikkounei HaZohar	תִּקּוּנֵי הַזֹּהַר	'Embellissements du Zohar'. 70 commentaires sur le mot *BeRechit*.
Tora	תּוֹרָה	'Enseignement, instruction'.
Tora écrite	תּוֹרָה שֶׁבִּכְתָב	Les cinq Livres de la *Tora* : BeRechit, Chemot, VaYikra… Au sens large : le *Tanakh*.
Tora orale	תּוֹרָה שֶׁבְּעַל פֶּה	Interprétation rabbinique de la *Tora* écrite : *Michna*, *Guemara*, *Halakha*…
Tsaddik	צַדִּיק	'Le Juste'. 9ème *Sefira*, appelée aussi : *Yessod*, *Yossef*…
Tsedek	צֶדֶק	'Justice'. *Malkhout*.

VaYikra	וַיִּקְרָא	'Lévitique'.
Vital	וִיטָאל	*Rabbi Ḥayim Vital*, (1543 – 1620), principal disciple du *Arizal*.
Ya'akov	יַעֲקֹב	'Jacob'. Appelé aussi : Israël. Il correspond à la *Sefira Tif'eret*.
Yecha'yahou	יְשַׁעְיָהוּ	'Isaïe'.
Yeḥezkel	יְחֶזְקֵאל	'Ézéchiel'.
Yeḥida	יְחִידָה	Le niveau le plus élevé de la *Nechama*.
Yehochou'a	יְהוֹשֻׁעַ	Josué.
Yehouda	יְהוּדָה	Juda.
Yessod	יְסוֹד	'Fondement'. 9ème *Sefira*, appelée aussi *Yossef, Tsaddik Alliance*... Elle transmet le Flux de Bonté à *Malkhout*.
Yetser HaRa'	יֵצֶר הָרָע	L'inclination au mal : la force intérieure qui incite une personne à fauter.
Yetser HaTov	יֵצֶר הַטּוֹב	L'inclination à faire le bien.
Yiḥoud	יִחוּד	'Union, Unification', entre *Abba* et *Imma*, ainsi qu'entre *Tif'eret* et *Malkhout*.
Yirmeyahou	יִרְמְיָהוּ	'Jérémie'.
Yitsḥak	יִצְחָק	'Isaac', fils d'*Avraham*. Il correspond à l'Attribut de Rigueur et à la *Sefira Guevoura*.

Yoma	יוֹמָא	'Le Jour'. Traité du *Talmud*.
'Yossef	יוֹסֵף	'Joseph'. Appelé aussi : *Tsaddik, Yessod*, Soleil…
Ze'er Anpine	זְעֵיר אַנְפִּין	'Petit Visage' (petite Révélation). Appelé aussi : 'Masculin, Terre sainte, …'. *Partsouf* qui comprend six *Sefirot*.
Zohar	זֹהַר	'Radiance', 'Splendeur'. La première impression du Livre a eu lieu en 1558.
Zohar Ḥadach	זֹהַר חָדָשׁ	'Nouveau *Zohar*', imprimé en 1596 : ensemble de textes non inclus dans le Livre du *Zohar*, excepté le *Midrach HaNe'elam*.